Babette Knöpfle
Schwätz koin Bäpp!

UHU

Babette Knöpfle

Schwätz koin Bäpp!

Schwäbischer Dolmetscher

Mit Zeichnungen von Uli Gleis

Silberburg-Verlag

Die Deutsche Bibliothek – CIP-Einheitsaufnahme

Ein Titeldatensatz für diese Publikation
ist bei Der Deutschen Bibliothek erhältlich.

2 3 4 5 6 06 05 04 03 02

Die vorherige Ausgabe erschien
unter der ISBN 3-87407-101-4.
Umschlaggestaltung: Uli Gleis, Tübingen.
Druck: Freiburger Graphische Betriebe, Freiburg i. Br.
Printed in Germany.

ISBN 3-87407-309-2

Inhalt

Die Sprache – ein Spiegel des Lebens

Auch für die Schwaben selbst steckt ihre eigene Stammessprache voller Schwierigkeiten und Rätsel. Es gibt keine einheitliche Schreibkonvention. Die Lautung schwäbischer Wörter und Sätze wechselt von Landschaft zu Landschaft, ja von Ort zu Ort und innerhalb der Orte sogar von Gesellschaftsschicht zu Gesellschaftsschicht. Die willkürliche Schreibweise bei den einzelnen Autoren macht es für einen Nichtschwaben schwer, gedruckte mundartliche Texte zu sprechen und zu verstehen.

Außerdem entspricht die Bedeutung eines Wortes, einer Redewendung im Schwäbischen nicht immer dem, was andere Mundarten oder gar die Hochsprache mit gleich- oder ähnlich lautenden Begriffen umreißen. Das Schwäbische hat oft einen eigenen Wortsinn entwickelt – häufiger noch hat es den ursprünglichen Sinn beibehalten, während er sich im Hochdeutschen gewandelt hat. Mit der Beurteilung »desch a frechs Mensch« wird eben nicht der Stab über einem dreisten, pampigen Menschen gebrochen, sondern damit ist im Schwäbischen eine ausgesprochen hübsche und kesse junge Dame gemeint.

Schließlich gibt es in der schwäbischen Mundart Hunderte von Wörtern, Ausdrücken und Redensarten, die überhaupt nur den Schwaben selbst verständlich sind; sie müssen allen übrigen Deutschen genauso fremd erscheinen wie russische, chinesische oder arabische Bezeichnungen und Satzgebilde.

So bleibt nichts übrig, als das Schwäbische im Sinne Luthers zu verdolmetschen. Schauen wir also den Schwaben (auch für die Schwaben!) richtig aufs Maul. Selbstverständlich erhebt die vorliegende Sammlung nicht den Anspruch, in irgendeiner Weise vollständig zu sein. Sie ist kein wissenschaftlich zusammengestelltes Wörterbuch. Hier sind nur solche Ausdrücke und Wendungen aufgegriffen, die »Reigschmeckten« (von auswärts Zugezogenen) oder »Ausländischen« (Nichtschwaben) Einblick ins Schwäbische geben und einem Schwaben selbst vielleicht Zusammenhänge deutlich machen, über die er noch nie nachgedacht hat. Es ist ein kleiner Querschnitt durch die Vielfältigkeit und das Wesentliche schwäbischer Eigenart und schwäbischer Lebensführung.

Formen und Formeln im Sprachgebrauch

Im folgenden ist eine Anzahl jener Begriffe und Redeweisen angeführt, die im täglichen Verkehr gewissermaßen als »kleine Münze« gebraucht werden.

Abe, abersche, naa, nab, raa. Hinunter, hinab, abwärts. – »Gang abe« = gehe hinunter. Wichtig: Bei »abe« wird nur die erste Silbe betont. Betont man beide Silben, handelt es sich um das stille Örtchen. (»Abe« ist dann die Kurzform für Abort«.)

Ätsch. Ausruf der Schadenfreude. – Auch in abgewandelter oder erweiterter Form wie ätsche, ätschele oder ätschbätsch. Besonders beliebt ist die Verbindung mit Gesten und Gebärden wie der langen Nase. Vor allem Kinder steigern die Schadenfreude gern zum »ätsche Gäbele«: Sie machen das Gäbele, das heißt, sie deuten mit zwei gespreizten Fingern auf den Verspotteten. Dann reiben sie wie beim Gelberübenschälen mit dem Zeigefinger der anderen Hand über die gespreizten (oder auch nur einen ausgestreckten) Finger und rufen: »Ätsche Gäbele! Ätsche Gäbele!«

Allbot, ällbot. Manchmal, oftmals. – »A lustiger Bua verreißt allbot a Paar Schu[h]a.« »Allbot« oder »ällbot« bedeutet ursprünglich: so oft, wie es ein Aufgebot (»Bot«) gibt. »-bot« heißt im Schwäbischen aber auch »-mal«: »iebot« = manchmal, zuweilen; »eibot« = einmal; »zwoibot« = zweimal.

Allig, ällig. Häufig für all, alles, alle. – »S isch nix z macha uf ällige Weis.« »Er goht mit älliger Gwalt drufflos.« »Ällige Teufel sind komma.« »Ällig« steht aber auch für als = immer, jedesmal. »I sag ällig, des läßt sich ällig no do.« »S isch nemme wie ällig«, tempora mutantur.

Anander noch (mit langem, betontem, nasaliertem o). Rasch, vorwärts. – »Anander« = einander; »anander noch« heißt eigentlich nacheinander. Man kann oft hören: »Mach anander noch!«, was soviel heißt wie: Mach nore! Beeile dich! Also der, den es angeht, soll nacheinander vorwärtsmachen, daß er fertig wird. Siehe auch »nore«.

Ane. In Bewegung sein oder geraten, und zwar meist in langsamere(r) Bewegung. – Wie »abe« wird auch »ane« mit langem,

betontem a gesprochen. Für dieses vielseitig verwendbare Wort gibt es keine hochdeutsche Entsprechung. Der Ausruf »Ane!« heißt: Setze dich [oder: setzen wir uns] in Bewegung; auf! Vorwärts! – »So ane!« heißt ungefähr: Es geht! (auch ein Wort, das Bewegung ausdrückt) und dient sowohl als Antwort auf die Frage, wie es geht, als auch zur Beurteilung der allgemeinen Lage oder eines anderen Menschen. »Komm, gang ane!« kann, je nach Situation, bedeuten: Geh weiter! oder: Geh fort! oder auch: Das glaubst du ja selbst nicht. Für letztere Bedeutung gibt es übrigens auch den Ausdruck: »Komm, gang mr fort!«
Der Schwabe kann auch »ane macha«, was soviel bedeutet wie: Er tut zwar etwas, aber weder besonders viel noch besonders schnell. Und wenn's drusse (draußen) ane macht, dann regnet es Bindfäden.

Babbela. Leer, fertig, aus, basta! – Der Ausdruck ist besonders in der Kindersprache üblich: »Etzet isch babbela!«, iß jetzt den Teller leer, aber auch: Du bekommst jetzt nichts mehr; es ist nichts mehr da.

Bäbä. Bezeichnung für Unschönes, Ekliges, die aus der Kindersprache stammt. »S Kloi hot bäbälet, hot a Bäbäle gmacht«, das Kleine, der Säugling hat defäkiert.

Bärich, bärig. Kaum, gerade noch, mit Mühe, zur Not. – »I kanns bärig glauba.« Auch zur Verstärkung gebraucht. »E bärigs bißle« = ein winziges bißchen.

Derweil, derweilsch, derweilst. Indessen, währenddessen, inzwischen, mittlerweile, solange. – Ludwig Uhland benützt das Wort im Sinne von während: »Derweil ich eben lad!«

Dett. Dort. – Für »dort, dort drüben« sagen die Schwaben auch »selt«.

Donna, donda, dronta. Drunten, dort unten. – »Onda donda han e s gfonda«, ich fand es zuunterst.

Duraa, durabe. Ganz herunter, ganz durch. Entsprechend stehen »durnaa« oder »durnab« für ganz hinunter, »durnauf« oder »durnuff« für ganz hinauf, »duruuf« oder »durufe« für ganz herauf.

Duß, dussa. Da außen, draußen. – »Dussa isch neamer gwä«, draußen war niemand.

Ebber. Jemand. – »Horch amol, do kommt ebber!« Wenn zwei sich streiten, und der eine will dem andern unmißverständlich zu verstehen geben, daß er nicht irgendeiner sei, so sagt er: »Ha no, i ben doch au ebber!«

Ebbes. Etwas. – Dieses Wörtchen läßt sich auf vielerlei Arten anwenden. – Zwei Kinder stehen beieinander. Das eine hat ein Stück Schokolade, das andere hat nichts. Es sieht nicht allzu lange zu, sondern sagt: »Komm, geb mir halt au ebbes!« Häufig hört man auch: »Komm her, i sag dir ebbes«, was je nach Tonfall geheimnisvoll oder drohend gemeint ist. Bei Kindern kommt es vor, daß eines in der Faust etwas verborgen hält. Wird es gefragt, was darin ist, lautet die Antwort: »Ebbes!«

Etz, etzet, etzetle, iatz, jatz, jaz. Jetzt. Die höchste Genugtuung über geleistete Arbeit, Zufriedenheit über das Tag-, ja Lebenswerk, geradezu ein »Es ist vollbracht« kann in dem Seufzer liegen: »Sodele. Etzetle.«

Fai. Nämlich. – »I han fai arg Honger«, ich habe nämlich großen Hunger.

Fernd, ferndich. Letztes Jahr. – »Des war fernd«, das war letztes Jahr. »Die ferndiche Epfl sen größer gwä«, vergangenes Jahr waren die Äpfel größer.

Fürre, fürsche. Vorwärts. – »Mach fürsche!« heißt: vorwärts! beeile dich!, und zwar schärfer gemeint als »Mach ane!« und milder als »Mach nore!«

Gell, gelt. Nicht wahr! Ist es nicht so? – Mit diesem Wort kann man ebenso verstärken wie zustimmen wie auch eine gewisse Unsicherheit ausdrücken. Die Schwaben benützen es ebenso häufig wie die Engländer ihr »isn't it?« oder »don't you?« – »Gell, du kommsch gwieß?«, du kommst doch ganz bestimmt, oder? »Geltet, ihr hen mi gern?«, nicht wahr, ihr liebt mich doch? – Oder im Gespräch: »Der mecht au bloß oes!« (der will auch nur das eine) stellt Anna über Gerhard fest. Ihre Freundin Margot stimmt ihr zu: »Gell!« Bei Mangel an eigenen Erfahrungen kann Margots Antwort auch lauten: »Geld, gelt?«
Die lautliche Ähnlichkeit der beiden Wörter Geld und gelt ist übrigens kein Zufall. Beide haben dieselbe sprachliche Wurzel, nämlich das Wort »gelten«. »Gelt« war ursprünglich eine konjunktivische Form mit der Bedeutung: Soll es gelten?

Der isch ganz honna

Grad mit Fleiß. Absichtlich, zum Trotz. – Der Schwabe kann mit Fleiß faulenzen. Wenn er nämlich etwas tut, von dem er genau weiß, daß er es nicht tun sollte, tut er es »grad mit Fleiß«: »Grad mit Fleiß [trotz des Verbotsschildes] bin i gradaus gfahra!« Eine stehende Redewendung heißt: »Etz grad mit Fleiß ed!«, nun schon gar nicht.

Ha no, hano. Nun? Nun! Nun, nun! – Eines der gebräuchlichsten Wörter im Schwabenland! Freilich kommt es dabei auf die Betonung an. Erzählt irgend jemand etwas Unglaubliches, so sagt der Zuhörer erstaunt, aber schon halb und halb zustimmend: »Ha no!« Er betont dabei die erste Silbe. Wird der Schwabe jedoch geärgert, wird er in die Seite gestoßen oder auf den Fuß getreten, sagt er zwar auch: »Ha no!« – aber diesmal liegt die Betonung auf der zweiten Silbe.

Halt. Eben, vielmehr. – Mit »halten, anhalten« hat das Wort nichts gemein. Vielmehr ist es, sagen die Sprachgeschichtler, eine Steigerungsform des gotischen Worts haldis = lieber, mehr. – »Dui hot halt a Wuat«, sie ist eben wütend. »Der hot sich ned an dr Nos rumführe lasse, er isch halt ganga«, er hat sich nicht narren lassen, vielmehr ist er gegangen. »Wer do dogwä isch? Ha i halt!«, wer anwesend war? Na, ich eben!

Hendersche fir, hendersche fürsche, hinterfüre. Das Letzte vor dem Ersten und Nächstliegenden tun, also das Pferd am Schwanz aufzäumen. – »Hendersche« bedeutet rückwärts, »fürsche« vorwärts. Und genau das ist gemeint: rückwärts und vorwärts zugleich, also verkehrt, verwirrt, irre, verdreht, närrisch. »Der ziagt de Kittel hendersche fir a«, er packt die Sache, die Arbeit falsch und umständlich an.

Hoba. Oben, hier oben. – »Jetzt isch mr s aber afanga weit hoba« jetzt bin ich der Sache aber bald überdrüssig. »Hasch denn wirklich koin Wei meh hoba?«, hast du denn wirklich keinen Wein mehr oben (aus dem Keller)?

Honna. Hier unten. – »Jetzt isch gnuag Heu honna«, jetzt reicht es. »Der isch ganz honna«, der ist ganz und gar fertig, erschöpft, er liegt am Boden.

Nauf, nuff, nuffwärts, nuffzua. Hinauf, aufwärts. – »Jetz isch d Katz de Boom nuff« (= Jetzt ist die Katze den Baum hinauf) sagt der Schwabe seufzend, wenn er eine günstige Gelegenheit versäumt hat.

Nieber, nüber, nom, nomme, omme, umme. Hinüber. In zahlreichen Zusammensetzungen für Nichtschwaben oft besonders unverständlich. So zum Beispiel »ommegao« = hinübergehen, »ommegea« = hinüberreichen, »nomdo« = wörtlich: hinübertun, im Schriftdeutschen meist mit einem differenzierteren Verb ausgedrückt.

Nix, noits, noiz, nonz, nunz. Nichts. – »Sei Weib, dia Aiv, ischt au noits Schleachts«, seine Frau, die Eva, ist begehrenswert, wörtlich: ist auch nichts Schlechtes. Ein Kind sieht, daß ein Erwachsener etwas vor ihm versteckt, und fragt: »Wa hoschn do?«, was hast du denn da? – Die Antwort: »A Nixle ema Bixle on a kloes Warteweile.«

No, noch (jeweils mit langem, nasaliertem o). Nah, aber auch: nach, hin. – Steht jemand nahe bei etwas, so steht er »noch druff«. »I komm glei noch«, ich komme gleich nach. »Des goht mir aber noch«, das geht mir ans Herz. »Emmer der Nos noch«, geradeaus. – Zwei Freunde sitzen im dritten Rang der Oper und sehen kurz vor der Pause, daß im Parkett noch einige Plätze frei sind. Sagt der eine zum anderen: »Narr, no no na, no no no!« (das erste und die beiden letzten no mit nasaliertem o, die anderen mit »deutschem« o), was mit etwa folgendermaßen übersetzt werden kann: »Auf du, sobald die Pause beginnt, gehen wir schnellstmöglich hinunter und setzen uns möglichst weit vorne hin«, wörtlich: Du Narr [eine im Schwäbischen keinesfalls böse gemeinte Anrede], dann nur hinunter, nur nah hin!

Nore (mit langem, betontem, nasaliertem o). Vorwärts. – In der ursprünglichen Wortbedeutung nah her. »Mach nore!« = Beeile dich! »Gang nore« = Vorwärts, geh weiter! Ein schwäbischer Spruch lautet: »Hoppla, s Schiff goht nore«; das heißt: Es bewegt sich etwas, es geht vorwärts. Siehe auch »fürre« und »ane«.

Oinaweg. Trotzdem, dennoch. – »I komm oinaweg, au wenns verbota isch.« In einem Gespräch oder einer Diskussion gerufen, bedeutet »Oinaweg!«: Wider alle Argumente, ich habe doch recht! Oinaweg kommt von: eines wegen. Ähnlich gebraucht wird »wega sellem« = jenes wegen.

Ra. Herunter, auch: Rückweg, Abwärtsweg, von unten aus gesehen. – Ein Tübinger Gog (Weingärtner) geht mit seinem Sohn den steilen Weg zum Wengert (Weinberg) hinauf. Am Wegrand auf halber Strecke steht ein Handwagen. Der Junge denkt: Den könnten wir auch brauchen. Er stößt den Vater mit dem Ellbogen an und schielt nach dem Wägele. Der Alte nickt nur und sagt: »em ra«, beim Heruntergehen, auf dem Rückweg. Welch inniges Verständnis ohne viel Worte! – Zwischen »ra« = herab, »na« = hinab und »no« = hin wird scharf unterschieden. »Er isch raghagelt« = er ist [zum Beispiel vom Baum] heruntergefallen; »er isch naghagelt« = er ist hinuntergefallen [aus der Sicht desjenigen, der noch in den Ästen sitzt]; »er isch noghagelt« (mit nasalem o) = er ist beim Gehen gestürzt.

Siehsch. Siehst du, erkennst du, bemerkst du. – »Siehsch, was draus worda isch?«

Sodele. Eine Verlängerung, aber auch eine gemütliche Wendung des Wortes »so«. Siehe »etz«.

Sott. Sollte. – Die Möglichkeitsform ist eine geläufige Sprechhaltung, durch die der Schwabe sein Freiheitsbewußtsein und seine Gottesfurcht ausdrückt. »I sott no gschwend d Tür verriegle«, sagt der Schwabe abends mit dem Schlüssel in der Hand, ich muß noch schnell die Türe abschließen. Wörtlich: Ich sollte noch ... Da es aber einerseits niemanden gibt, der zum Abschließen zwingt, und andererseits nicht sicher ist, ob das Leben bis zum Moment des Abschließens währt, das Vorhaben also vollbracht werden kann, benützt der Schwabe den Konjunktiv. Besonders beliebt ist die neutrale Form »mr sott« = man sollte, mit der meist der oder die Angesprochene gemeint ist (»des sott mr do«) oder der Sprechende sich selbst meint (»des sott mr han«).

Sotter, sottiger. Solcher. – »Er isch a sotter Schaffer, daß r au am Sonndich wualt«, er hat einen solch arbeitsamen Charakter, daß er selbst am Sonntag intensiv arbeitet. »Desch a sotter«, das ist so einer (abwertend gemeint). »S gibt sotte ond sotte, aber meh sotte«, behauptet augenzwinkernd das schwäbische Sprichwort: Es gibt solche und andere Menschen, aber mehr von der einen als von der anderen Sorte. Das Wort ist eine abgeschliffene Form von »so getan«.

Währle. Wahrlich, wahrhaftig, wirklich, echt, richtig. – Wenn der Schwabe von irgend etwas überzeugt ist, sagt er gern: »Desch währle wohr« = das ist wahrhaftig richtig, das stimmt. Dieser Ausspruch ist allerdings ortsgebunden und findet sich nur noch in ländlichen Gegenden.

Weile. Bezeichnet eine Zeitdauer. – Schon im Althochdeutschen hieß »wila« Zeit. »Em a Weile« = wann mir's paßt; ursprünglich: in einer Weile, in kurzer Zeit – es dauert also nicht zu lange. Es kann sich also folgender Dialog entspinnen: »Kommsch bald?« – »Em a Weile.« – »Wia lang?« – »Fir a Weile« (für eine gewisse Zeit). Eine kurze Zeit wird durch die Verkleinerungsform ausgedrückt: »a Weilele«. Wichtig ist die Aussprache mit hellem, offenem ei wie im Wort »Reiter«: Eile mit Weile. Spricht man das ei nämlich mit dunklem ei wie in »Reifen« oder »Mai«, dann bezeichnet »Eile mit Weile« ein gesundheitsförderndes Rezept, bei dem ein rohes Ei und Trollingerwein verquirlt getrunken werden.

Witt. Willst. – »Wa witt?«, was willst du? – Man zeigt jemandem etwas, vielleicht, um es ihm zu schenken, und fragt dabei: »Witt des han?« (Willst du das haben?) Oder eine Mutter ruft mehrmals nach ihrem Kind. Es will und will nicht hören – da ertönt ihr energischer Ruf: »Witt etzet daherkomma?« (Willst du jetzt gefälligst hierherkommen?) Die konjunktivische Form heißt »wött«; »i wött« = ich würde wollen. »widd? / widd edd mid? / on wa widdu? / wenn ned mid widd semmr quidd! / widd also ned – / wenn du no oimol vo mir a wedd widd! / wenns wissa widd: / wenn i di wär / iii wödd« (Helmut Pfisterer)

Zairscht, airscht, airst. Zuerst, erst. – »Airscht« kann auch »eben erst, soeben« bedeuten: »Airscht hann i s glesa«, das habe ich erst kürzlich gelesen.

Zemma, zämma. Zusammen, miteinander, zueinander. – »Desch zemma sechzge«, das ergibt zusammengezählt sechzig. »Dia hend sich zämmado«, die haben sich gefunden (Liebende oder Freunde).

Zletscht. Schließlich, endlich, zuletzt, letzten Endes, in letzter Zeit, auch: in Erwartung des Todes. – »Dera muaß mer zletscht d Gosch au extra totschlaga« sagt man über ein schwatzsüchtiges Weib: Wenn sie stirbt, wird sie noch weiterreden.

Alltägliches und Besonderes

Vieles von dem, was zum täglichen Leben und zur Alltagssprache der Schwaben gehört, fällt einem Nichtschwaben durch seine oft unverständliche sprachliche Lautung oder Formulierung auf. Viele andere Begriffe hören sich zwar gleich an wie im Hochdeutschen oder in anderen Dialekten, haben im Schwäbischen aber eine andere Bedeutung.

Ärgeläute. Fünf-Uhr- oder Feierabendläuten.

Armer Konrad. Der Arme Konrad hat mit dem Vornamen Konrad (Kurzformen im Schwäbischen: Konz, Kurrle, Radel, Rätsch) nichts zu tun. Man versteht darunter die Aufstandsbewegung der Bauern im Remstal (1513) gegen eine indirekte Verbrauchssteuer des damaligen Herzogs Ulrich. Ihr gegenüber wußten die Weingärtner und Kleinbauern keinen Rat, »koin Rat«. »Koin Rat« wurde zur Losung für diesen Vorläufer des Bauernkriegs und schließlich zum Namen für den ganzen Aufstand all dieser armen »Koin-Rats«, zum Armen Konrad.

Bachet. Umfassendes Wort für Dinge und Vorgänge, die mit dem Backen zu tun haben. – Wird eine bestimmte Menge oder Anzahl als Einheit gesehen, so greift der sprachschöpferische Schwabe zu derartigen Konstruktionen. Gebildet wird ein solcher Begriff durch Anhängen der Endung -et an den Stamm des zugrundeliegenden Zeit- oder Hauptworts. Aus »bacha« (backen) wird so die »Bachet«, aus »traga« (tragen) die »Traget«, die Traglast (zum Beispiel spricht man von einer Traget Holz). »Däufet« ist die gesamte Tauffeier, während »Däufe« nur die eigentliche Taufhandlung meint. »Bützget« ist ein Haufen organischer Abfälle (von Apfelbutzen), »Schnaufet« die Atmung.

Unter »Bachet« versteht man also den Vorgang des Backens, vor allem im Backhaus, wo mehrere Brote oder Kuchen gleichzeitig gebacken wurden, dann die Zeit, die das Backen benötigt, die Gesamtheit der Zutaten zu einem Backvorgang (also zum Beispiel für alle fünf Brote, die man für die kommende Woche buk), schließlich das Gesamtergebnis des Backvorgangs. »Esset au vo meinre Bachet!« werden die Gäste aufgefordert, häufiger

allerdings, denn der Schwabe ist maulfaul: »Esset au Baches« (= Gebackenes).
Damit nicht genug, hat das Wort einige übertragene Bedeutungen: Menschen, die »zusammengebacken« sind, eine Clique oder eng zusammenhaltende Familienmitglieder, werden ebenso »Bachet« genannt wie »festgebackener«, festsitzender Dreck.
Bezeichnet »Bachet« den Vorgang des Backens, so sagt man zur Tätigkeit des Backens »Bacherei«. Wie im Schriftdeutschen drückt die substantivierende Nachsilbe -rei die Mühsal aus, die mit einer Arbeit zusammenhängt (»Plackerei«), hat aber einen leicht abwertenden Ton: »Desch doch koi Schafferei! So a Romlolerei dohande!«

Bampes. Schläge, Haue. – »Bampes« ist vor allem in den Verbindungen »Bampes geba« und »Bampes kriega« gebräuchlich. Dafür steht auch »Bämperling«. »Bampa« bedeutet eigentlich »Bäbä macha« (siehe dieses). Von der Tätigkeit aufs Subjekt übertragen, bezeichnet man mit »Bamper« (oder »Bember«, »Bämper«, »Pämperle«) den Säugling sowie kleine, dicke Kinder. Es ist anzunehmen, daß die Windelmarke Pampers sich ebenfalls aus diesem Wortstamm herleitet.

Blechle – Heiligs Blechle! Das ist ein Ausruf der Entrüstung, des Zornes, des Unmuts, manchmal auch des Erstaunens, der Verwunderung und Überraschung; jedenfalls ist es so etwas wie ein harmloser Fluch.
Die Herkunft dieser seltsamen Redewendung verrät zunächst einen anderen Sachverhalt. Tatsächlich gab es im Mittelalter »heilige Blechla«: In der kirchlichen Armenfürsorge wurden Blechmarken verteilt, die den Besitzer zum Empfang von Suppe und Brot berechtigten. Das Adjektiv »heilig« bezieht sich auf die Kirche als Wohlfahrtsinstitution. Zu dem Ausruf »Heiligs Blechle!« gehört auch »Schla mi s Blechle!« Wem ein Blechle geschlagen, also gefertigt wurde, der konnte gleichfalls eine milde Gabe empfangen. Ironisch aber bedeutet der Ausruf »Schla mi s Blechle«: Möge mich doch das Blechle (die Blechmarke und was damit verknüpft ist) erschlagen! Was man als milde Gabe erhielt, reichte weder zum Leben noch zum Sterben. – Wann der Ausdruck entstanden ist, läßt sich nicht

feststellen. Sicher sind die heiligen Blechlein so alt wie die Zollblechlein und Gesellenblechlein, die schon vor dem 16. Jahrhundert bezeugt sind. Wie die wandernden Gesellen mit ihren blechernen »Ausweisen«, so empfingen Bettler und Arme, deren Kennzeichen eine Blechmarke war, von den Bürgern Almosen als »heilige Gabe«. Später wandelte sich der Ausdruck »Heiligs Blechle« in einen verkappten Fluch.

Bollagfühl. Hochgefühl. – Eine merkwürdige Zusammensetzung, aber typisch für den bäuerlichen Schwaben. »Bolla« = Bollen, Klumpen, also etwas Handfestes, womit sich etwas anfangen läßt: »Erdbolla«, »Roßbolla«. Als Vorsilbe wirkt »Bolla-« verstärkend. Man kann etwas »bollamäßig schee« (schön) finden, unter einer »Bollahitz« (großen Hitze) leiden und eine »Bollawut« in sich aufsteigen fühlen.

Buckelranza. Huckepack. – Das Kind trägt auf seinem Buckel (Rücken) den Schulranzen. In gleicher Weise kann der Erwachsene ein Kind »Buckelranza«, also Huckepack, tragen. Dabei sind die Kinderbeine unter den Armen des Trägers durchgestreckt, die Hände umschlingen dessen Hals. – Das Tätigkeitswort »ranza« bedeutet: etwas auf den Rücken nehmen, während man mit dem Hauptwort »Ranza« gewissermaßen das Gegenteil, nämlich den Bauch, bezeichnet. (Siehe auch »Ranza«.)

Butza. Butzen, Kernhaus, Strunk. – Der Ausdruck wird bei Obst (Äpfel, Birnen) angewandt, doch auch Gemüse kann einen Butzen haben. Da man gewöhnlich nichts mit ihm anfangen kann, ist die Redensart üblich: »Schmeiß da Butza weg!« Erstaunlich ist jedoch, daß das Wort sich auch auf die menschliche Seele beziehen kann. In diesem Fall ist der Butzen (das Kernhaus) entweder etwas Brauchbares, Wertvolles, der anfängliche Keim, aus dem das Ganze entstanden ist, oder aber ein fragwürdiger Rest, mit dem sich nichts mehr anfangen läßt. Übertragen heißt »Butza« also: der unsichtbare Kern einer Sache oder eines Menschen. Deshalb sagt man auch: »Da steckt dr Butza«, das ist des Pudels Kern.

Daobadicht. In Gedanken abwesend, achtlos, »neben der Kapp'«, nebelhaft verschwommen. – »Schwätz net em Daobadicht«, erzähl nicht von etwas, wovon du keine Ahnung hast. »Er lauft em Daubadicht ane«, er geht wie in Trance umher. »Dicht« ist eigentlich das intensive Nachdenken. »Em Dicht« befindet man sich, wenn man ganz in Gedanken ist und daher achtlos wird, ein Zustand, den man fälschlicherweise auch als gedankenlos bezeichnet. »Daob« hingegen entspricht dem hochdeutschen Wort »taub« und bedeutet wie dieses gehörlos, aber auch dumm. Übrigens hat sich das berlinerische »doof« aus demselben Wortstamm entwickelt. »Daobe Nuß« sagt man nicht nur zu Nüssen ohne Kern, sondern auch zu Menschen ohne Denkvermögen. – Auch wenn sie dicht sein muß, hat die Daube, das gebogene Seitenbrett eines Fasses, mit »taub« oder dem Daobadicht nichts zu tun. Vielmehr hat sich dieser Begriff aus dem gleichbedeutenden lateinischen Wort »doga« entwickelt. Der schwäbische Begriff »Daog« für Daube ist deshalb der ursprünglichere.

Datz hat mancherlei Bedeutung. Wie im Hochdeutschen nennt man die Löwen- oder Katzenpfote »a Datz«. Dies hat sich auf die Hand übertragen: »Komm, geb mr dei Datz« = Gib mir deine Hand. Und wenn früher in der Schule mit dem Rohrstock auf die ausgestreckte flache Hand geschlagen wurde, nannte man auch diese Körperstrafe »Datz«. Schließlich ist »Datz« das, was die Pfoten (oder Füße) hinterlassen: eine Spur, zum Beispiel im Schnee. Auch diese Bedeutung wurde noch einmal übertragen: »Emmer aufm Datz« bedeutet: immer auf der Stelle. »Der goht net von dr Datz« heißt: Der geht nicht vom Fleck. »Dia sen ned von dr Datz ganga« sagt man von einem Besuch, der länger bleibt, als man sich dies gewünscht hätte.

Donker hängt mit dem Verb »donka« (tunken, tauchen) zusammen. Wenn man einem andern einen »Donker« gibt, ihn also im wörtlichen oder übertragenen Sinn taucht, dann wird der Betreffende danach ernüchtert sein. Er hat eine Abkühlung erhalten, einen nicht laut ausgesprochenen Rüffel, oder mindestens sieht er sich gezwungen, bei bestimmten Dingen, die er erwartet oder für sich beansprucht, einen Abstrich vorzunehmen.

Dreierles-s. Der Buchstabe ß. – In der deutschen Schrift wurde an das lange s eine 3 angehängt, wodurch das s zum scharfen s wurde.

Duck. Mutwilliger, böser Streich. – »Hen ihr meim Bua en Duck do?« (Habt ihr meinem Buben einen Streich gespielt?) fragt eine Mutter erbost die anderen Kinder auf dem Spielplatz und drückt ihren weinenden Sprößling an sich. Die Mehrzahl von »Duck« heißt »Dück«; das offenbart die sprachgeschichtliche Nähe zum Wort Tücke.

Dunäll. Tunnel (im Schwäbischen auf der zweiten Silbe betont) – wird aber spaßhaft auch für Duell gebraucht, besonders bei den sogenannten Ungebildeten und Unverbildeten.
Der Dichter Martin Lang (1883–1955) hat eine Kurzgeschichte »Das Dunell em Azaberg« geschrieben, die in seinem Buch »Schbatzaweisheit« zu finden ist: Ein Stuttgarter Wengerter (Weingärtner) kommt mit seinem Freund, em »Kaarle«, von einer ungewollten Händelei. Ein Duell im Weinberg ist die Folge. Jede Verständigung scheint ausgeschlossen. »Der Kaarle hot geschriea: ›Du hoscht mi buleidigt! Rache muß sei! Oiner von ons zwoi muaß uf am Platz bleiba.‹ No hau-n-i mein Pfohl na'gstellt on hau gsait: ›Guat, Kaarle, no bleibscht du uf am Platz – ond i gang.‹«

Eisebah. Der Reutlinger Friedrich List ist nicht nur wegen seiner Genialität als Volkswirtschaftler und wegen seiner politischen Händel mit der württembergischen Regierung berühmt geworden, sondern auch wegen seiner sehr frühen Befürwortung des Eisenbahnbaus. Freilich, im Schwäbischen ist er mit seinen fortschrittlichen Handels- und Verkehrsgedanken zunächst nicht durchgedrungen. 1835, im Jahr der Eröffnung der Bahnlinie Nürnberg—Fürth, wurden in Stuttgart und Ulm die ersten (privaten) Eisenbahngesellschaften Württembergs gegründet. Auch der Bau der – bald verstaatlichten – Linien zog sich wegen der schwierigen topographischen Gegebenheiten hin. Kein Wunder, daß die schwäbischen Eisenbahner Spott auch von den eigenen Landsleuten tüchtig zu spüren bekamen. Das verrät uns noch heute das bekannte Geißbocklied:
»Auf de schwäbsche Eisebahna / gibt es viele Haltstationa: / Stuagart, Ulm ond Biberach, / Meckabeura, Durlesbach. / Auf de schwäbsche Eisebahna / wollt amol a Bäuerle fahra, / goht an d Kass und lupft da Huat: / ›Oi Bilettle, send so guat!‹ / Er hot do a Böckle gkaufet, / Und daß es em net vertlaufet, /

bedent s no der guate Ma' / henta an da Wage-n-a'.« – Nun, obwohl der Zug gemächlich bummelte, geschah, was zu erwarten war. Von dem Geißbock fand sich am Ende der Fahrt nur noch »Kopf ond Soil hinta an dem Wagatoil«. Kein Wunder, daß das Bäuerle vom »Baurazorn« wider die Eisenbahn gepackt wurde und fluchte: »Himmel-Schtuagart-Sapperment!«

Fasnet. Fastnacht, Fasching. – Das Wort fasten kommt ursprünglich von fest sein, standhaft sein. Entsprechend lebte man sich vorher aus, nicht nur, was Fröhlichkeit, Essen und Trinken anging: Noch im Mittelalter waren die Mädchen an Fasnacht gewissermaßen vogelfrei für die männlichen Schwarmgeister. – Bekannte Aussprüche: »Der kommt her wia de alt Fasnet«, also verspätet. »Fasnet trüb, isch de Weiber lieb.« »S isch net älleweil Fasnet, s kommt au dr Karfreitag.« »In der Fasnet isch der Teufel net daheim.« – Viele Wetterregeln haben sich an den Tag gehängt, zum Beispiel: »Wenn an Fasnet d Sonn scheint, ists fürs Korn gut gemeint.« »Fasnet hell und klar, heißt ein gutes Jahr.«

Faxa macha. Späße machen, Scherze in Wort und Gebärde, Grimassen schneiden, Possen reißen, aber auch: Flausen haben, Umstände machen, zögern. – »Mach mr jo koine Faxa«, arbeite mir nicht entgegen! Sei anständig und benimmt dich!

Flärra. Fetzen. – Ein Flärra Kuchen, Tuch oder Haut. »Er hot en Flärra an der Stirn«, er hat sich die Stirn verletzt. »Flärra« ist aber auch ein breiter, nicht besonders großer Haufen Kot. Eine »Flärre« hat einer, der ein großes Maul riskiert. »Halt bloß dei domma Flärra«, heißt es dann.

Gläuf. Füße, Beine. – »Hot dui [oder der] a Gläuf«, sagt man, wenn eine (oder einer) einen schlechten Gang hat. Aber es gibt auch noch eine andere Version. Wenn etwa beim Nachbarsmädle alle paar Tage ein anderer junger Mann ins Haus geht oder unter dem Fenster pfeift, sagt man ein wenig stirnrunzelnd: »Isch bei dera a Gläuf!«, Ist bei der eine Lauferei!

Gluschta. Gelüste, Verlangen, Appetit. – »En Gluschta« kann man nach einem Ripple mit Sauerkraut, einem guten Träubleskuchen oder einem netten Mädchen haben. Dem nach letzterem »glüschtelig« Gewordenen sei geraten, auf der Hut zu sein, auf daß er seinen Gluschta nicht büßen muß.

Goschahobel

Goischt. »An Goischt han« - damit ist nicht der schöne oder der weise Geist gemeint, sondern die Einbildung auf etwas meist recht Äußerliches.

Gosch. Mund. – Das Wort »Gosch« verwendet der Schwabe vor allem dann, wenn der Mund und seine Umgebung zum Zielpunkt einer Körperstrafe wird (»I schlaa dr oes an d Goscha na« = Du wirst von mir eine Backpfeife bekommen) oder wenn dem Mundwerk zuviel Geschwätz entströmt: »Halt dei Gosch« = Sei ruhig! »Dui hot a lose Gosch« = Sie ist vorlaut. Der Schwabe nimmt gern einen Teil fürs ganze und nennt deshalb eine schwatzhafte Person auch »a Gosch«. Der »Goschahobel« ist die Mundharmonika, denn sie wird wie ein Hobel hin- und hergeschoben.

Gräbele. Kleiner Graben, Rinne, Ritze. – Die kleine Vertiefung zwischen den Ehebetten, die Besuchsritze, nennt man ebenfalls Gräbele: »Dr Kloe schloft emmer em Gräbele« = Der [jüngere] Sohn schläft immer in der Besuchsritze.

Grattel. Stolz, Hochmut. – »Des Mädle hot amol de Krattel em Kopf.« »Der Kerle hot an Grattel wie an Stall voll Enta.« »Dem muaß ma da Grattel beizeit vertreiba.« Ursprünglich bezeichnet »Grattel« eine Gabelung, auch die Körperstellung mit gespreizten Beinen; später wurde der Ausdruck auf ein gespreiztes Wesen übertragen. »En Grattel macha« = Beine spreizen. »Den nemm ich an dr Grattel [= im Schritt] ond stell an uf da Kopf.«

Gscher, Gschur, Schererei, Schur. Schinderei, Plage, Ärger, Unannehmlichkeit. – »Du machsch eim a Gschur«, du verursachst Umstände. »So a Gschur«, so ein Durcheinander! »Bis Samschtig koschts a Schererei«, noch bis Samstag werden die Unannehmlichkeiten andauern. Eine alte Hausbesitzersweisheit lautet: »Hat ma nix, ischs Lumperei – hat ma was, ischs Schererei«, was soviel bedeutet wie: Wenn man nichts besitzt, geht's einem liederlich, verfügt man jedoch über Besitz, dann hat man nur Ärger damit.

Guglfuhr. Närrisches Gehabe, lärmendes, mutwilliges Treiben, Durcheinander. – Das Wort hängt wohl mit Gugel (Kappe, Kapuze) zusammen, aber auch mit gaukeln, Gaukler, Gaukelei.

Haozeg, Hochzich. Hochzeitsfest. – Im Gegensatz dazu bedeutet »Heirat«, »Haerich«, »Haeriks« nicht die Vermählung selbst, sondern die Verlobung, das Versprechen der Ehe: »Onsre Väddr hen Haerich gmachd«, unsere Väter haben sich über die Modalitäten unserer Hochzeit geeinigt. »Ihr Heirat« hingegen bezeichnet weder ihre Trauung noch ihre Verlobung, sondern das Objekt derselben, also den Bräutigam oder Geliebten.

Käs entspricht nicht nur dem, was gemeinhin als Milchprodukt Käse heißt. Die Schwaben sind zwar Liebhaber bestimmter Käsesorten (vgl. »Bachstoikäs«) – doch mit dem Käs, auch »Käss« geschrieben, um den es hier geht, wollten sie höchstens als Zuschauer zu tun haben. Denn so wurde im Mittelalter das kreisrunde, aus Feldsteinen gemauerte Schafott genannt. Die Form erinnerte stark an einen Käselaib. Der Stuttgarter Käs stand auf dem heutigen Wilhelmsplatz vor dem Hauptstätter Tor, dem Tor also, das zur Stätte führte, wo man den Verbrechern das Haupt abschlug. Daher heute noch der Name Hauptstätter Straße, in der auch Schillers Wirtshaus zum »Ochsen« lag. – Im Schwarzwaldstädtchen Calw kann man heute noch einen solchen Käs sehen. – Ebenfalls vom Käselaib abgeleitet ist die Bezeichnung »Dreikäsehoch« für ein Kind, das eine entsprechend geringe Körpergröße hat. Eher an die Konsistenz und den Geruch erinnert die Verwendung von »Käs« in der Bedeutung von Dreck: »So en alter Käs«, so ein Dreck, so ein wertloses Zeug. »Schwätz no koin Käs raus!«, red' doch keinen Dreck! Wenn die Familie wie Dreck zusammenklebt, spricht man vom »Familienkäs«. – Siehe auch »Lohkäs«.

Klenka putza. Betteln. – Eigentlich bedeutet die ironische Redewendung: Türschnallen reinigen. Sie bezog sich anfänglich auf Bettler, die von Tür zu Tür gingen, und wird heute eher verwandt, wenn jemand bei verschiedenen Leuten mit einem Anliegen vorspricht. Sehr ähnlich ist der aus dem Rotwelschen stammende Ausdruck »Klingel putza« (Türglocke reinigen). Ursprünglich gleichbedeutend, wird damit heute der Kinderstreich bezeichnet, zu »schälla«, also an der Tür zu klingeln, und dann die Beine unter den Arm zu nehmen, also abzuhauen. Im Schwäbischen gibt es auch den Ausdruck »die Klinken schlagen« = sich faul herumtreiben.

Krangel. Unnötige Umstände, Verwirrung, Unruhe. – Die Redensart »Du machsch amol en Krangel om des Zeugs rom« bedeutet: Du machst zuviel Aufhebens um diese unwichtige Sache. Oft sagt der Schwabe auch »Kringel-Krangel« und meint dasselbe. Kringel sind eine runde Sache, die man so und so drehen kann, ohne je zu einem Ende zu kommen. Zu dem Wort »Krangel« oder »Krängel« gehört auch »Krangelmacher« = Unruhestifter, Quängler.

Latt. Holzlatte. – Ein Wort, mit dem besonders viele Redewendungen gebildet werden: »Der isch durch d Latte« heißt: Er ist über alle Berge, hat sich aus dem Staub gemacht. »Do hot r über d Latte ghaue« bedeutet: Dabei hat er das übliche Maß und die Ordnung überschritten. »Der hot a Latte«, er hat einen Rausch, er ist stark angetrunken. »Den han i auf dr Latt«, den kann ich nicht leiden. »Desch a lange Latt«, er ist ein Mensch, der aussieht wie eine Latte, nämlich lang und hager.

Lebtag. Aufregung, Lärm. – »An Lebtag macha« bedeutet: viel Lärm, viel Aufhebens machen.

Leich. Was eine Leiche ist, weiß jeder. Aber mit »Leich« bezeichnet man in Schwaben auch die Beerdigung, die Beisetzungsfeier samt dem darauffolgenden Leichenschmaus. So kann man jemand, der von einer Beerdigung kommt, sagen hören: »Des war a scheene Leich.« Damit meint er natürlich, die Beerdigung sei gut besucht, die Leichenrede des Pfarrers feierlich, der anschließende »Hock« harmonisch gewesen, und es seien viele Tränen vergossen worden – kurz: Die Seelenhygiene sei gepflegt worden.

In diesem Zusammenhang eine kleine Geschichte: Ein Ortsfremder steht an der Straße und läßt einen Leichenzug an sich vorüberziehen. Natürlich fährt der Wagen mit dem Sarg an der Spitze des Zuges. Der Fremde fragt einen neben ihm stehenden Schwaben: »Erlauben Sie, bitte, wer wird denn hier beerdigt?« Darauf die kurze und bündige Antwort: »Ha, der em vordera Waga!«

Zu den guten Sitten gehört, seine Trauer auch nach außen hin zu zeigen. Die Art und Weise ist jedoch von Ort zu Ort verschieden. So fragt eine Frau aus einer Nachbargemeinde einen Ortsansässigen im Trauerhaus: »Wie isch's bei euch? Wird do scho jetzt g'heult oder erscht uf'm Kirchhof?«

Luse. Freiheit, Behaglichkeit, Muße, freie Zeit, besonders die Freiheit, unbeobachtet etwas zu tun. – »Wenn d Katz zur Tür naus isch, habet d Mäus Luse.« »Du hasch aber Luse«, sagt der Schwabe zu einem, der viel freie Zeit hat oder sie sich nimmt. (Luse = lose = losgelöst von Pflicht und Zwang.) Und so erklärt sich auch das Urteil über einen jungen Kerl, der etwas Böses angestellt hat: »Koi Wonder, der hot von Haus aus zviel Luse ghet!« (Er hat zuviel Freizeit gehabt, deshalb wurde er straffällig.)

Meßkromet. Kleines Geschenk, das man auf den Jahrmärkten (auch Messen genannt) verhältnismäßig billig erstehen kann. – »Kromet« ist von Kram abgeleitet. In einzelnen Gegenden wird der Markt auch »Krämermarkt« genannt. In Stuttgart ist ein schöner alter Brauch erhalten geblieben: die Weihnachtsmesse. Zum ersten Advent ersteht im Zentrum die Budenstadt (ähnlich dem Christkindlmarkt in Nürnberg). Hier trifft sich zum Jahresende noch einmal die Elite des ambulanten Gewerbes zu einem Stelldichein. Leider ist von der Romantik aus der Zeit vor sechzig oder siebzig Jahren nicht mehr viel übriggeblieben. Damals roch es nicht nur nach gebrannten Mandeln und frischen Waffeln, sondern auch nach Karbid, wenn zur Abendstunde die Beleuchtung in Betrieb genommen wurde. Auf den Christbäumen zwischen den Buden brannten richtige Wachskerzen, und es wurden die »Weihnachtskerzen« vorgeführt, Wunderkerzen, die beim Abbrennen knisternd tausend Sternchen versprühten. Ausrufer priesen lauthals ihre Ware an und verschenkten sie beinahe. Am Rathaus betrieb mit viel Humor der »wahre Jakob« sein Geschäft. – Die Weihnachtsmesse, wie sie sich bis heute entwickelt hat, ist immerhin noch ein kleiner Abglanz aus vergangener Zeit. Und befriedigt wie einst nimmt auch heute noch der Schwabe sein Meßkromet nach Hause.

Michel. Den »deutschen Michel« gibt es auch in Schwaben in vielerlei Gestalt: als Küchenmichel, Hausmichel, als dummen, hölzernen, kalten Michel und als Glufamichel. (Glufa sind Nadeln, und der Glufamichel hat ein Gehirn in der Größe eines

Stecknadelkopfes.) »Mit ebber s Michele treiba« heißt: jemanden zum besten halten. Michel ist bekanntlich von Michael, dem Erzengel, abgeleitet. Über diesen »himmlischen Fechtmeister« gibt es viele Sprüche und Wetterregeln, die auf seinen Namenstag, den 29. September, Bezug nehmen:

»Wie das Wetter an Michael, so ists im Winter.« »Regnets am Michaelstag, der Winter nicht streng werden mag.« »Wer michelt, sichelt.« (Das heißt: Wer an Michaeli sät, wird auch etwas zum Ernten haben.)

»Es ist so, wia mei Michel sagt« (spöttisch). »Zu einem Michael braucht man drei Jockel.« »Michele, Mächele, brunz ins Kächele!« »Das Kächele rinnt, und s Michele stinkt.«

Mödele. Seltsame Eigenarten, merkwürdige Arbeitsweisen und Gewohnheiten. – Wenn der Chef erzürnt fragt: »Was werdet denn do für neue Mödela eigführt?«, dann ist meist Feuer unter dem Dach. Mödela sind kleine, schrullige Moden (»Modena«) im Sinne des lateinischen »modus« (= Art und Weise).

Pfändle. »Au, schäm de, machsch a Pfändle«, hört man manchmal zu kleinen Kindern sagen. Es bezieht sich auf die Mundstellung, kurz bevor das Heulen anfängt. Die Unterlippe wird dabei vorgeschoben, und das sieht aus wie ein »Pfändle«, eine kleine Pfanne. – »Pfändle« nennt man auch die Schmalzblume, die Ranunkel.

Pfipfis. Eigensinn, Hochmut. – Das Wort ist abgeleitet von der Hühnerkrankheit Pips, der Geflügeldiphterie. »De Henne hot ma manchmol müeße de Pfipfis nemme, nämlich a Häutle vo dr Zong abschabe. Des sott ma au manche Leut!« (Fritz Schray) Jemand »da Pfipfis nemma« heißt, seinen Hochmut brechen, ihm den Übermut austreiben. »Dene Burscht muß ma für da Pfipfis tua«, »an dr Zung schipfla« bedeutet dasselbe. »Der tuat, wia wenn er pfipfig wär«: Er benimmt sich, als sei er mit Pips behaftet. Auch wenn man es glauben könnte: Weder Pfipfis noch Pips sind lautmalende Wörter, vielmehr leiten sich beide vom lateinischen »pituita« (= Schleim) ab.

Röhrle. So nennt man einen besonders gescheiten Menschen. »Der isch a Röhrle«, sagen – halb anerkennend, halb ironisch – die Kameraden von einem, den man salopp als »Fässle« bezeichnet.

Wilhelm Kohlhaas hat über den leibhaftigen Röhrle – Gottlieb Rohr hieß er und betrieb die Wirtschaft »Zum Freund Napoleon« – eine anmutige Geschichte erzählt. Darin wird berichtet, wie der Wirt in den napoleonischen Feldzügen eine Rolle gespielt habe, mehr als tüchtiger Aufschneider denn als Held, und die Russen bei Eylau zum Rückzug zwang; Napoleon habe dann vor der ganzen Front den Röhrle als einen Herrgottsakermenter ausgezeichnet.

Rolle. Neben manchen anderen Bedeutungen hat »Rolle« (oder »Rölle«, »Röllele«) im Schwäbischen auch die Bedeutung Urin. Zu Kindern sagt man: »Mach dei Rolle ins Häfele.«

Saustall. Unordnung, Durcheinander, Unflat. – Mit der »Sau« hat man im Schwäbischen nie gegeizt. Es gibt zahllose Ausdrücke und Wendungen im Alltag; kein Lebensgebiet ist ausgespart. Einige Kostproben: »D Sau ghört in da Stall.« »A Sau woiß net, vo was se fett wird.« »Do hot a blinda Sau a Eichel gfunda.« »Es isch no nie a Sau em Dreck verstickt.« »Wenns der Sau z wohl isch, wälzt se sich em Dreck.« »Oba der Pfau, unta d Sau!« »Was woiß a Sau, wanns Sonntich [Sonntag] isch!« »Man möcht auf dr Sau reita.« »Do möcht mr grad uf dr Sau naus ond uf de Borschta rei« (bei großem Ärger). »Des kann koi Sau lesa.« »Hent mir scho Säu mitnander ghütet?« (Sind wir so vertraut miteinander?) – Neben den zahlreichen Zusammensetzungen, in denen die »Sau-« wie im Schriftdeutschen abwertend gemeint ist (Sauhund, Saumensch), dient sie in anderen Zusammensetzungen einfach zur Verstärkung: Bei einem »Sauwetter« regnet es besonders stark, bei der »Sauhitz« brennt die Sonne vom Himmel, bei der »Saukälte« gefriert das Thermometer ein. Wer ein »Sauglück« hat, fühlt sich sauwohl, manche Schwaben tun dies, wenn sie ein »Saugschäft« haben. Siehe auch »Bollagfühl«.

Schelfets. Schale eines Apfels, einer Birne, einer Kartoffel.

Schleifez. Eine spiegelblanke Fläche, Eisbahn zum Schlittern (schwäbisch: zum Schleifen). – »A Schleifez zieha« (oder: »a Schleifez wetza«) heißt: die Fläche schön glatt machen. Nicht zu verwechseln mit »Schloifete« (»Gschläuf«, »Schlaifete«), was soviel wie große Trag- oder Ziehlast bedeutet, oder mit »Schlaefez« = Schleife, zum Beispiel Haarschleife.

Ein grober Schwabe wurde gefragt, was er seinen Kindern zu Weihnachten schenke. »I soech ne a Schleifez voard Hütte«, war die Antwort: Ich uriniere ihnen eine Eisbahn vors Haus.

Schtuagert. Name der Landeshauptstadt, leitet sich von dem mittelhochdeutschen Wort stuot (= Herde von Pferden, Gestüt) ab. – Stuttgart ist wohl die einzige Landeshauptstadt, die Teil eines Fluchs ist: »Hemmel Schtuagert nomol!«

Sieba Schwoba. Im Jahre 1830 gab Ludwig Aurbacher (1784 bis 1847) anonym sein »Volksbüchlein« heraus, in dem sich auch »Die Abenteuer der sieben Schwaben« finden. In dieser Geschichte schildert der Augsburgische Hufschmiedsohn schwäbische Typen: den Seehas aus Überlingen – den Gelbfüßler aus Bopfingen – den Knöpflesschwab aus dem Ries – den Blitzschwab von Meitingen im Lechfeld – den Spiegelschwab aus Memmingen – den Allgaier von Hindelang – den Nestelschwab, der eine Schweizerin zur Mutter hatte. Die Abenteuer der Sieben fallen in die Epoche nach dem Dreißigjährigen Krieg und sind mit Schwankerzählungen früherer Zeit durchsetzt:
Sahen in ainem Boscha sitza / Uin Hasa, thät dui Oahra spitza, / Darob erschracken sui ällsämd, / Naomen den Spias in ihra Händ, / Aber koiner älluin därfft sech woaga / An den Hasa vorar ihre Aoga. / Schryn ällsamd: Hair uns erlaiß / Von disam arga Tuiffel baiß! / Von disam Geschroy grusamlech / Der Has sprungweis von ihna wech, / Hinus über ein braite Hoyd, / Die Schwaba kama aus Hertzloid ...

So isch no au wieder. Weit verbreitete Redensart, die etwa dasselbe besagt wie »gell« (siehe dieses), nämlich: nicht wahr? Ist es nicht so? – Mit »so« und »so isch« gibt es im Schwäbischen viele Redensarten, zum Beispiel: »So rum«, auf diese Art. »Es isch scho so«, es ist richtig. »Ischs euch au so?«, stimmt ihr zu? »Es isch mir nomol so«, es bleibt dabei. »S tut so«, es geht mir nicht gut und nicht schlecht. Gleichbedeutend ist die Kurzform: »soso«.

Soifasieder. Das ist der Seifensieder, ein Handwerker von einst, aber es kann auch ein vertrottelter Kerl sein. Doch wenn einem »a Soifasieder aufgeht«, dann begreift man plötzlich etwas. Man hat den Durchblick.

Topf, Topfer hat nichts mit einem Kochtopf zu tun, sondern ist das, was man schriftdeutsch einen Kreisel nennt. Früher war das Topferles-Spielen recht beliebt. »Was solla mr tua?« »Topfa!«
Weil sie eine ähnliche Form haben, heißen auch Quelltrichter im Schwäbischen »Topf«. Am bekanntesten sind der Blautopf und der Aachtopf.

Werdich. Werktag, Wochentag. – Wird auch »Werfdich«, »Weadig«, »Wärrdag«, »Merdig«, »Merde« oder ähnlich ausgesprochen. »Wenns nur amal Samschdig [Samstag] isch, Sonndig ischs glei! Bis es aber amol Samschdig isch, brauchts a Gschearei [= Schereiei, Schinderei, siehe Gscher]«, sagt man in Oberschwaben.

Schwäbisches Sagen und Sprechen

»Wer redet, was ihn gelüstet, muß hören, was ihn entrüstet«, so lautete früher ein Spruch im »Ochsen« zu Altensteig-Spielberg, einem Lokal, das es immerhin schon seit 1666 gibt. Befassen wir uns trotz dieser Warnung einmal näher mit dem Reden.

Der Gedanke, die deutsche (Hoch-)Sprache biete für ein und dieselbe Sache mehrere Wörter zur Auswahl an, ist völlig abwegig. Wer etwa glaubt, daß das Zeitwort »sprechen« mit sagen, reden, plaudern gleichgesetzt werden könne, der irrt sich. Gewiß gehören diese Wörter alle einem bestimmten Wortfeld an, aber jedes von ihnen besitzt einen eigenen Bedeutungsbereich. Wie sehr sich die »sinnverwandten« Wörter oft nach Klangfarbe, Tonstärke, Zeitmaß, Stimmung unterscheiden, wird offensichtlich, wenn wir ein bestimmtes Wortfeld – in unserem Fall das des Sprechens – näher betrachten.

Zu diesem Wortfeld gehören: reden, sagen, erzählen, plaudern, berichten, vortragen, predigen, beten, ausführen, fragen, antworten, erwidern, entgegnen, widersprechen, versetzen, zustimmen, beistimmen, bejahen, verneinen, belehren, unterweisen, ergänzen, verbessern, abwehren, zugeben, befehlen, fordern, gebieten, begehren, beruhigen, drohen, bitten, betteln, flehen, jammern, klagen, schmeicheln, stöhnen, seufzen, winseln, geloben, versprechen, beschwören, beichten, bekennen, leugnen, lügen, beteuern, sich brüsten, prahlen, nörgeln, mahnen, trösten, höhnen, spotten, locken, necken, drängen, schmähen, anfahren, brüllen, donnern, wettern, schimpfen, poltern, grölen, johlen, rufen, schnauben, schreien, brummen, murren, murmeln, knurren, summen, flüstern, lispeln, wispern, hauchen, flöten, näseln, tuscheln, zischen, keifen, fauchen, jauchzen, jubeln, zetern, stammeln, stottern, sabbern, lallen, schwätzen, schwatzen, babbeln und viele, viele andere Wörter. Es ist lohnend und fesselnd, ein derartiges Wortfeld in der Mundart zu erforschen. Hier zeigt sich, daß das Schwäbische ebenso treffsicher ist wie die Hochsprache. Zugleich werden durch die Dialektbegriffe Wesensmerkmale des schwäbischen Menschen sichtbar.

Ausbäffa. Verspotten, verhöhnen, und zwar durch Worte, Sprechweisen oder Gebärden, vor allem durch Nachahmung. – Nebenform: »abäffa«, »anbäffa« = an jemanden hinschimpfen (vergleiche »bäffa«). »Du musch noch an mi nabäffa und mi zu ällem Oglick au no ausbäffa!«

Wer andre bäfft
und allweil schimpft,
der verunglimpft
sich selbst am End
vorna und hent
bei so me Gschäft.

Baatscha. Ausgiebig schwatzen, klatschen. – Mit kurz gesprochenem »a« (battscha) bedeutet das Wort: einen klatschenden Ton erzeugen (»i battsch dr oine«, ich kleb' dir eine!); mit langem »a« harmloses Plaudern, aber auch Verleumden. »Baatsch net so viel!« »Sei kei Baatschtante!« »Baatscha und schaffa gehet auf verschiedene Füß.« Eine »Baatschede« ist ein langer, unnötiger, oft auch lauter Plausch, ein Geschwätz, das nichts einbringt.

Babbla. Kindlich reden oder sprechen, auch undeutlich oder inhaltsleer schwatzen. – Babbla bedeutet dasselbe wie das englische »to babble« und das französische »babiller«. Ein Babbler ist einer, der viel, aber nichts Wichtiges erzählt. Deshalb kann man oft hören: »Der babbelt en Dreck zsamma.« Oder auch:

»s isch schnell a Schüble verbabbelt«, man hat sich schnell um etwas Gutes gebracht. »Sie hot sich verbabbelt« heißt: Sie hat, ohne es zu wollen, ein Geheimnis ausgeplaudert, hat jemanden verpetzt oder angeschwärzt.

Abgeleitet hiervon ist auch das »Babbelwasser«. Wer durch den Genuß von zuviel Alkohol redselig geworden ist, hat »Babbelwasser tronka«.

Zum Umkreis des Wortes gehören ferner:

»Gebabbel« = undeutliches, murmelndes Sprechen.

»Babbera« (mit derselben Bedeutung wie »babbla«).

»Bäbbera« (siehe unten).

»Babbler« = Schwätzer.

»Babbel«, auch »Bäbel« = Schwätzerin. Eine Schwätzerin, die ihren Mund überhaupt nicht halten kann, nennt man pars pro toto »a Babbelgosch«.

»Babberlababb«, was du redest, ist Quatsch mit Soße! – Mit diesem Wort kann man jemandem über den Mund fahren.

Bäbbera. Schnattern, klappern, plappern, vertraut reden. – »Wer zerscht bäbbert, hat auch zerschd gschnäddert«, sagt man, und meint damit: Je früher man den Mund auftut, desto eher hat man jemand oder etwas verraten. »Bei diesem Verb steht stets der Gedanke an den (monotonen, klappernden, schnatternden) Ton im Vordergrund«, belehrt uns Hermann Fischer, »der Inhalt kommt besonders insofern in Betracht, als das Geschwätz als inhaltslos, gedankenlos bezeichnet werden soll.« Vorsicht: Bäbbera bedeutet gleichzeitig urinieren, wie überhaupt blödes Gerede oft mit der Notdurft verglichen wird: »Schwätz doch koin so Soich daher!« »Du hasch a Gschwätz wie a Brüh«, wie Jauche. »Hosch wieder s Wasser [= den Harn] ned heba könne?« sagt man, wenn jemand etwas ausplaudert. (Siehe auch »soicha«.) Wenn eine(r) immerzu plappert, nennt man sie »a Bäbbere«, ihn »an Bäbberer«.

Bäffa, bäffera, bäfzga, belfera. Giftig maulen, schelten, kläffen. – »Mei Alte bäfzget da ganz Tag«, meine Gattin keift von früh bis spät. »Ha, du bäfzgersch doch in ei Loch nei«, du speist fortwährend Gift und Galle vor dich hin. Das »Gebäffzg« ist ein Gebäff, eine bissige Entgegnung. Ein »Gebäffel« entspricht einem Gezänk und unschönem Geschwätz. »Gebelfer« nennt man ein Gekläff oder Gemaule: »Der Kerle hot a widerlichs Gebelfer.« Ein »Bäffer«, auch »Bäffzger«, ist ein kleiner, kläffender Hund oder Mann, »a Bäffzg« das weibliche Pendant dazu.

Bäpp. Klebstoff, Kleister. – Der Schwabe klebt nicht, sondern er bäppt. Zu jeder Art Klebstoff sagt er »Bäpp«. Man kann das jedoch auch dann hören, wenn jemand etwas Dummes oder Unglaubwürdiges erzählt: »Der schwätzt amol en Bäpp!« Der Nichtschwabe spricht in diesem Fall vielleicht von Scheibenkleister.

Bella. Bellen, weinen, heulen. – Dies ist ein seltsames Wort. Ist damit das Bellen eines Hundes oder der Befehlston eines Militärs gemeint, spricht man es in den verschiedenen Teilen Schwabens mal »bella« aus, mal »billa«, mal »bolla«, mal »bulla«. Will der Schwabe damit jedoch heftiges Weinen bezeichnen, so benützt er oft zärtlich die Form »bölla«. Nur ein »Balla« ist etwas anderes, nämlich ein ordentlicher Rausch. »An Beller« nennt man einen Menschen, der bellt, einen unangenehmen Radaumacher und arroganten Schreier. Mit »Beller« kann auch ein Husten gemeint sein. Dann heißt es vielleicht: »Du mit deim Beller sottesch zom Dokter!« – »A Boller« hingegen ist das einmalige Bellen im Gegensatz zum Gebell. »Er hot no an Boller do, on na isch er dod gwä« erzählt der Hundehalter vom Verkehrstod des Lieblings. Ein Kind, das unablässig weint und greint, schimpft man »Bellhafa«. Wie das schriftsprachliche »bellen« kommt »bella« und »belfera« (siehe »bäffa«) vom altenglischen Wort »bellan« = schreien, brüllen, das wir auch noch im englischen »bell« = Glocke finden. Die »Dreckbell« oder »Schmotzbell« jedoch, schwäbische Schimpfwörter für eine unsaubere Frau, leiten sich aus den abgekürzten Vornamen Barbara beziehungsweise Babette her.

Böllera. Böllern, bullern, schimpfen, toben. – Außer einem Schuß böllert auch ein wütender Mensch.

Brägla. Dauernd tadeln, nörgeln. – Wer an etwas rumbrägelt, der mäkelt ständig. Daneben gibt es noch die Wortbedeutung brägla = im Schmalz backen, schwach rösten. So werden Knöpfla und Spätzla in einer Pfanne »brägelt«. »Du wirsch was Schöns brägla!« ist ironisch gemeint: Das wird so etwas sein!

Gebrägel nennt man umständliches, langweiliges Geschwätz. Ein Brägler ist ein mißmutiger Meckerer.

Bruddla. Mißmutig brummen, murren, seine Unzufriedenheit halblaut äußern. – Der bruddelt wie a alter Kochhafa. So a bruddeliger Kerle! Das Wort bedeutet ursprünglich brodeln, aufwallen. Daher der Ausdruck: dem bruddelts im Bauch. »Mit Brudelwäsch bezeichnete man in Ulm eine kleine Wäsche, die auf dem Küchenherd neben dem Sauerkraut leise vor sich hin brodelte. Ein Bruddler ist ein Mann, der das gleiche tut, bloß nicht auf dem Herd.« (Thaddäus Troll)

Fasla. Dummes Zeug reden, schwindeln, etwas vorgeben.

Gebalader. Geschwätz. – Hent die a Gebalader mitenander!

Gilfa, gilfzga. Schrill schreien, in hohem Ton wimmern, auch jammern, keifen, betteln, ächzen, winseln. – Das Wort war auch im christlichen Schrifttum beliebt, weil es sich in der Befehlsform so schön auf »hilf!« reimte. So finden wir schon in einem Lied des Herrenberger Theologen und Dichters Johann Valentin Andreä (1586–1654) die Verse: »Hilf, Jesu, hilf, ach, Jesu, hilf! Wer das begehrt, schrei, seufz und gilf!« – »A Gilfer« ist ein unzufriedener Mensch. »Gilf«, »Gilfa« bedeutet Geschrei; »gilfera« heißt schluchzen. »Er gilfert da ganza Tag.« »Sie gilfzget vor Schmerz.«

Gschädder. Blechernes Getön. – Ein zersprungener Topf schäddert. »Sie schäddert wie a Kochhafe.« »Ihr Stimm schäddert.« Unter einer »Schädderete« versteht man ein altes Weib, eine rissige Geige, ein verstimmtes Klavier. Siehe auch »Schäddera«.

Gschieß. Lärm um nichts, umständliches Vorgehen. – Das kommt natürlich von »Gescheiße« und wird auch in vielen Abwandlungen und Variationen gebraucht. »Dui hot ällemal a Gschieß«, sie geht alles so umständlich an, macht unnötig Aufhebens von der Sache. »Du machscht amol a Gschieß om die Gschicht rom«, du bauschst die Sache auf.

Der Schwabe weiß wohl, daß dieses Wort und alle Abwandlungen davon den Nichtschwaben leicht irritieren. Aber: Lasset die Schwoba doch macha! Wenn der Schwabe sagt: »Des isch a beese Scheiße« (das ist eine dumme, schwierige, böse Sache), so denkt er bestimmt nicht an den Ursprung des Wortes.

Gschnadder, Gschnädder. Geschrei von Gänsen oder von einer Ansammlung Weiber. – »D Maria, d Sabel ond d Kätter, hörsch scho ihr stundelangs Gschnädder«, wenn Maria, Isabel und Katharina zusammentreffen, beginnen sie unweigerlich ein Geschnatter, das stundenlang dauern wird.

Haiahoh. Wenn jemand wegen nichtigen Kleinigkeiten ein entsetzliches Getue macht, irgend etwas in Szene setzt, sagt der Schwabe: »Ha, jetzt mach no koin so Haiahoh!«

Lettagschwätz. Dummes Geschwätz (Letta = Lehm). – Man kann an den Stammtischen manches Lettagschwätz hören; der Einfältige kommt sogar kaum darüber hinaus. Besonders populär wurde dieses Wort durch den schwäbischen Humoristen Willi Reichert; vor allem in den Rundfunk- und Bühnen-Zwiegesprächen der Herren »Häberle und Pfleiderer« kehrte es häufig wieder.

Lohkäs. Unsinn. – Lohe ist gemahlene Baumrinde für Gerbereien. Ein handliches Stück der gepreßten Lohe nennt man Lohkäs, weil es eine ähnliche Konsistenz wie das Milchprodukt hat. Käs ist aber im Schwäbischen (wie im Hochdeutschen) nicht nur eine Bezeichnung für Lebensmittel, sondern auch für Unsinn und wertloses Zeug. »Der schwätzt da hella Käs«, er gibt Blödsinn von sich. Man kann auch verkürzt sagen: »Der käst.« Wenn einer beim Erzählen übertreibt, meint der andere: »Do hosch aber en beesa Lohkäs verzehlt.« Ganz ähnlich verwendet man auch das Wort »Käsdreck«.

Maoza, maozga. Miauen, jammern, lamentieren, unterdrücktes Weinen von Kindern. – »Alte, maunz net!« Wer maunzelich ist, erscheint verdrießlich und klagend.

Plärra. Durchdringendes, weinerliches Schreien, meist in Verbindung mit Tränen, auch heulen und schimpfen. – Wenn d Kuh plärrt, weidet se net. Am Lachen und Plarren erkennt man den Narren. Er plärrt, wia wenn am s Messer em Kraga stecka tät. Einen Schreier nennt man Plärrochs, sein weibliches Gegenstück ist der Plärrhafa.

Raatscha, rätscha. Viel und laut reden, schnarren. – »Rätsch« nennt man das weitgehend aus der Mode gekommene Gerät, mit dem man einen lauten, schnarrenden Ton erzeugen konnte, indem man es drehte. Es diente dazu, Vögel aus dem Weinberg zu vertreiben. »Mei Weib on mei Schwieger [= Schwiegermutter], die raatschet de ganz Tag über ebbes«, klagt ein Ehemann dem anderen. »Ha, on meine«, entgegnet der, »die raatschet de ganz Tag über nix!«

Saga. Sagen. – Saga wird auf zweierlei Arten konjugiert: »i sag, du sechsch, er secht« – »i sai, du saisch, er sait«. Partizip: gsagt und gsait, zum Fränkischen zu sogar gsocht.
Mit »saga« gibt es im Schwäbischen zahlreiche stehende Redensarten: »I könnt ned saga, daß i s schö find«, es ist mir unmöglich zu sagen, daß ich es als schön empfinde, kurz: es ist häßlich. »Ha, jetz sag i gar nix meh«, da verschlägt es mir die Sprache. »Des sag i!«, das ist meine Meinung, hinter dieser Aussage stehe ich, wiklich! »Wann i s dr doch sag«, du kannst es mir ruhig glauben. »Sag des Ding ned« ist sowohl Ausruf des Erstaunens – ach, tatsächlich? – als auch eine zärtliche unterschwellige Drohung: Behaupte das nicht! Sag das nicht nochmal! »Was du ned sechsch!« drückt ebenfalls Erstaunen aus. »Wie secht mr?« fragt die Mutter das Kind, das etwas geschenkt bekam und vergessen hat, danke zu sagen. »Do hot sui s Saga«, in dieser Familie führt die Frau das Regiment, steht der Mann unter dem Pantoffel; wörtlich: da hat sie das Sagen.

Schäddera. Klappern, rasseln, lachen, schäkern. Siehe auch »Gschädder«.

Schbrecha. Der Versuch des Schwaben, Schriftdeutsch zu sprechen. Er führt fast unweigerlich zum sogenannten Honoratiorenschwäbisch, einer Mund-Art, die früher die Honoratioren des Ortes, die ehrenwertesten Mitglieder der Gesellschaft (allen voran Schultes, Lehrer und Pfarrer) gepflegt haben.
»ned dassr redad / noe / är schwäzd / goschd / babld / mauld / on brudld / vorzapfd / an soech / an käs / an lädda / an rächda babb / vorzeeld an drägg / on held nia d glabb / a gosch ogwäscha / bsondrs wenn är / schbrichd« (Peter Schlack)

Schnäddera. Versprechen – im Sinne von falsch ausdrücken, aber auch von jemand verpetzen, anschwärzen. Ein schärferes Wort als »verbabbla« (siehe »babbla«). »Schnäddera« heißt aber auch schnattern wie die Gänse.

Soicha. Dumm, langweilig, lauwarm daherreden. – Soicha heißt eigentlich harnen; dazu mehr beim Stichwort »Bäbbera«.

Verglawastera. Verlästern. – Hängt mit verglastern zusammen = durch Glanz verblenden, im falschen Licht (Glanz) sehen.

Verzapfa. Erzählen, einen Witz von sich geben. – Ursprünglich: ein Bauwerk durch Zapfen befestigen. »Komm, verzapf koin Scheiß!«, erzähle nicht so einen Blödsinn!

Schwäbisch gewordenes Französisch

Es gibt eine merkwürdige Redensart im Schwäbischen, die über alles und jedes, womit sie in Beziehung gebracht wird, ein eindeutiges Urteil trifft: »s isch net weit her!« Das bedeutet nicht nur, sofern eine bestimmte Person gemeint ist, daß der Prophet in seinem Vaterland nichts gilt, der Ausdruck stellt sich in jedem einzelnen Fall als eine Abwertung heraus. Dinge, die mit dem Prädikat »s isch net weit her« versehen werden, gehören in die Gruppe des Minderwertigen, Geringgeschätzten und Nebensächlichen.

Die sprachliche Formel weist auf einen Charakterzug hin, der nicht nur schwäbisch, sondern gesamtdeutsch ist, daß nämlich alles Nichtschwäbische beziehungsweise Nichtdeutsche, weil es von »weit her« kommt, höher eingestuft und höher geschätzt wird als das Eigene. Wir finden in der deutschen wie in der schwäbischen Geschichte ganze Zeitabschnitte, in denen das Ausland in allen Fragen der Mode, des Benehmens, der Gesellschaftsfähigkeit den Ton angab.

So, wie wir heute sehr stark von der Kultur der Vereinigten Staaten beeinflußt sind, war es jahrhundertelang die französische Lebensart, die auf Deutschland abgefärbt hat. In der Zeit nach dem Dreißigjährigen Krieg mit ihrer A-la-mode-Kultur war dieser Zug besonders stark. Solchen Unfug haben die Schwaben genauso mitgemacht wie alle anderen deutschen Stämme. Die Sprache spiegelt diese fremden Einflüsse natürlich wider und bewahrt sie auch über die Zeit hinaus, in der sich die Kultur so stark am Ausland orientiert.

Das Französische hat aber auch aus anderen Gründen Eingang ins Schwäbische gefunden: Es war die Sprache, mit der sich der Adel international verständigt hat und deshalb für die gebildeten Stände neben Latein die Fremdsprache Nummer eins. Es war die Sprache des nächsten Nachbarn und lange Zeit wichtigsten ausländischen Handelspartners. Es war die Sprache des Landes, in dem das Haus Württemberg 400 Jahre lang, von 1397 bis 1796, stattliche Besitzungen hatte, vor allem die Exklave Mömpelgard (Montbéliard). Und es war die Sprache der Hugenotten und Waldenser, der französischen Protestanten, die nach 1685 in großer Zahl aus Frankreich fliehen mußten und sich vor allem in den grenznahen Regionen, also auch in Schwaben, niederließen. Ein weiterer Grund ist besonders traurig: Es gab insgesamt 33 deutsch-französische Kriege. Die Soldateska, oft auch in Privathäuser einquartiert, hinterließ neben manch anderem auch Sprachfetzen – deutsche im Französischen und französische im Deutschen, auch im Schwäbischen.

Nachfolgend sind aus der Fülle nur einige Begriffe angeführt, die vom Französischen ins Schwäbische hineingeraten sind. Und zwar geschah dies auf zwei Weisen:

1. Die fremdländischen Wörter sind einfach mit schwäbischem Akzent und gemäß schwäbischer Lautung gesprochen worden (zum Beispiel »duschur« von französisch toujours, immer). Dabei haben sich zum Teil auch die Bedeutungen gewandelt, etwa bei »schalu«, aufgeregt, verwirrt, von französisch jaloux, eifersüchtig.

2. Es handelt sich um Lehnwörter und verschwäbelte Begriffe. Dabei entstanden zuweilen groteske sprachliche Neugeburten, beispielsweise »Pedäderle« für das Feuerzeug, das »peut-être« – vielleicht – funktioniert.

Ade. Lebewohl, auf Wiedersehen (frz. adieu – Abschied). – Das französische Wort ist ursprünglich eine Zusammensetzung: à dieu = bei Gott, Gott befohlen! Die schwäbische Abschiedsformel »ade« entspricht damit genau dem bairischen »pfiedi«, das eigentlich »pfiedigod« heißt, behüte dich Gott. In den etwas feineren Kreisen verabschiedete man sich im 18. und 19. Jahrhundert übrigens mit »adjes!«, eine Verballhornung von »adieu«, die zum Beispiel auch Schiller benützte. Aus ihr hat sich das heute oft so geschmähte Wort »tschüß!« entwickelt.

Ästimiera. Achten, schätzen, beachten, hoch geachtet sein (gleichbedeutend frz. estimer). – So was ästimier i net, das schätze ich nicht. Die wird recht ästimiert, diese Frau wird

Bagasch mit Bagasch

hoch geachtet. Daneben gibt es auch »ästimabel« = achtbar, beachtlich und »ästimation« = Achtung, Beachtung.

Affär. Sache, Angelegenheit (gleichbedeutend frz. affaire). – »Desch koi große Affär«, das macht keine Umstände. »Des isch a Affär von hondert Mark«, es ist eine Sache von 100 Mark, würde eine Ausgabe von 100 Mark bedeuten.

Alderiera. Erregen, aufregen, ärgern (frz. altérer – verschlechtern). – »Bass uf, daß e me ned alderier!« heißt soviel wie: Treibe es nicht auf die Spitze, bring mich nicht zur Weißglut!

Alert. Flink, munter, wachsam (gleichbedeutend frz. alerte).

Allo. Vorwärts, gehen wir! (gleichbedeutend frz. allons). – Etz aber allo! = Nun aber vorwärts; wir müssen uns beeilen. Eher scherzhaft wird »allomarsch«, abmarschiert!, verwendet.

Amüsiera. Vergnüglich unterhalten, Spaß haben oder bereiten (gleichbedeutend frz. amuser).

Amurschaft. Geliebte, Geliebter, Schwarm (frz. amour – Liebe). – Im Gegensatz zum Hochdeutschen bedeutet »Liebschaft« im Schwäbischen nicht das Liebesverhältnis, sondern das Objekt desselben, also der oder die Geliebte. In den Ohren der füreinander Entbrannten klang es vermutlich romantischer, den einen Teil des Wortes durch sein französisches Gegenstück zu ersetzen. Zum Liebesverhältnis sagt der Schwabe »Liäso« (von frz. Liaison – Verbindung) oder »Karess« (von frz. caresse – Liebkosung), oder er drückt es noch einfacher aus: »die hen ebbes mitnander«, wörtlich: die haben etwas miteinander.

Apropo. Übrigens, was ich sagen wollte, dabei fällt mir ein (gleichbedeutend frz. à propos). – Mit einem Einwurf, der mit »apropo« beginnt, teilt man oft etwas Unangenehmes oder Unerwartetes mit: »Apropo, du schuldesch mir no zwanzig Mark!« »Apropo, wenn du in d Schtadt gehsch, könnsch mir doch ebbes mitbringe!« »Apropo, wege dera Konferenz könne mr erscht en Tag schpäter in Urlaub.« Diese Tatsache liegt dem Hauptwort »der Apropo« zugrunde, das soviel bedeutet wie: unerwarteter Umstand, etwas unangenehmes Unvorhergesehenes, Schwierigkeit. »Jetz isch no an Apropo dazwischekomma«, es ist noch etwas Unvorhergesehenes dazwischengekommen. »Des hot an Apropo«, die Sache hat einen Pferdefuß.

Attack. Streitigkeit (frz. attaque – Angriff, Anfall) – Im Schwäbischen heißt es »der Attack« statt die Attacke. Was hast denn scho wieder für en Attack mit deim Weib ghet, welcherart Auseinandersetzung hattest du schon wieder mit deiner Ehefrau? Bei einer plötzlichen Funktionsstörung des Herzens, etwa durch Angina pectoris, spricht man auch von »Herzattack«. Außerdem im Gebrauch: »attackiera« (gleichbedeutend frz. attaquer) = angreifen.

Attrapiera. Ertappen, erwischen (frz. attraper – fangen, einholen). – Wird gewöhnlich in »antrapiera« umgeändert; auch als »trapiera« und »vertrapiera« ausgesprochen.

Bagasch. Bande, Pack (frz. bagage – Gepäck). – Das französische Wort »paquet« bedeutet Päckchen, Bündel. Es wurde eingedeutscht und hat im Lauf der Zeit eine andere Bedeutung (Paket heißt im Französischen nämlich »colis«) und einige Wortgeschwister bekommen: packen, der Packen, Packung, Gepäck, packend, Sack und Pack sowie, daraus abgeleitet, das Pack. Das waren nämlich die Leute, die ihr Hab und Gut in einem Bündel bei sich trugen. Die schwäbische Sprache hat dieselbe Charakterisierung einfacher umgesetzt, indem sie das französische »bagage« direkt übernommen hat. – Scherzhaft, auch leicht abwertend, wird »Bagasch« für die Familienschar gebraucht: »Am Sonndich isch die ganz Bagasch do gwä«, vergangenes Wochenende war leider ein größerer Familienkreis bei uns zu Besuch.

Bardo. Verzeihung (gleichbedeutend frz. pardon). – Der Dichter-Pfarrer Sebastian Sailer (1714–1777) läßt den gefangengenommenen Luzifer ausrufen: »Bardau, Gott Vater, Bardau!«

Basledo (mit nasaliertem o). Zeitvertreib (gleichbedeutend frz. passe-temps, auch: passe le temps). – Das Wort ist vermutlich von den Hugenotten in den schwäbischen Raum gebracht worden. »Im Basledo send scho viele domme Sacha passiert«, aus Langeweile sind schon viele Dummheiten geschehen. »Du möchtesch di wohl für Basledo besaufa?«, du hast wohl vor, dich ohne besonderen Anlaß zu betrinken? – Auch das gleichbedeutende »Basel« ist nicht von der schweizerischen Grenzstadt abgeleitet, sondern eine Kurzform von »Basledo«.

Bassä. Künstliches Wasserbecken (gleichbedeutend frz. bassin).

Billet. Fahrschein, Eintrittskarte (gleichbedeutend frz. billet). – Die Bezeichnung war früher vor allem in der zärtlichen Form »Billetle« weit verbreitet; man denke nur an das Lied von den »schwäbischen Eisebahna«. Vermutlich hat das Wort auf dem Amts- und damit dem Schriftweg Eingang ins Schwäbische gefunden, denn man spricht es nicht französisch aus, also bijee, sondern so, wie man es schreibt: Billet.

Biwäckla. Wie ein Tagdieb herumlungern (frz. bivouac – Feldlager). – Das Wort ist aus der französischen Militärsprache ins Schwäbische gekommen; der Zusammenhang zwischen der Tätigkeit von Soldaten in Besatzungszeiten und der Wortbedeutung scheint offensichtlich. »A Bickwäckler« ist einer, der im Freien übernachtet.

Bläsir. Vergnügen, Lust, Gefallen (gleichbedeutend frz. plaisir).

Blafo. Zimmerdecke (gleichbedeutend frz. plafond). – »D Lamp hangt am Blafo«, der Beleuchtungskörper ist an der Zimmerdecke befestigt.

Blanschiera, blantschiera. Abbrühen, mit kochendem Wasser übergießen (frz. blanchir – weißen, waschen, bleichen). – Das Wort spielt in Kochrezepten eine bedeutende Rolle.

Blessiera. Verwunden (gleichbedeutend frz. blesser). – Auch das Hauptwort »Blessur« (gleichbedeutend frz. blessur) ist gebräuchlich, das Wunde, Verwundung, Verletzung bedeutet.

Bombo. Bonbon, Lutschplätzchen, Naschwerk (gleichbedeutend frz. bonbon).

Brav. Tüchtig, tapfer, rechtschaffen, artig, gehorsam, ordentlich, ehrsam, bieder, angenehm, passend (gleichbedeutend frz. brave). – »Desch a bravs Mensch«, sie ist eine tüchtige, tapfere, rechtschaffene usw. Frau. »Hend ihr brav gschafft?«, habt ihr ordentlich und tüchtig gearbeitet?

Bredull. Bedrängnis, Verlegenheit (frz. bredouille – unverrichteter Sache) – »Do bin i schwer in d Bredull komma«, ich war in Bedrängnis, wußte nicht, wie ich mich hätte herauswinden können.

Budo. Ohrring (frz. bouton – Knopf).

Büffee. Geschirrschrank, Anrichte (frz. buffet – Büfett, Schenktisch). – Im Gegensatz zum Französischen und Hochdeutschen wird der unverzichtbare Einrichtungsgegenstand im Schwäbischen auf der ersten Silbe betont.

Bugsiera. Unter schwierigen Umständen bewegen (frz. bouger – sich bewegen, sich rühren). – »Etz meaß mr den Kaschda do hende nom bugsiera«, jetzt müssen wir den Schrank nach dort hinten tragen, zum Beispiel durch einen engen Flur.

Butik. Bude (frz. boutique – Laden, Verkaufsstand, Modesalon). – Der Stand auf dem Wochenmarkt kann mit diesem Wort ebenso bezeichnet werden wie ein heruntergekommenes Häuschen.

Deez. Kopf (gleichbedeutend frz. tête) im abwertenden Sinn.

Degu. Übler Geruch, ekliger Geschmack, wie wenn etwas verdorben wäre (frz. dégoût – Ekel, Abscheu). – Siehe auch »Gu« und »Hogu«.

Demonschdrazio. Massenprotest, Aufmarsch, zum Beispiel von Streikenden, Versammlung (frz. démonstration – öffentliche Kundgebung, Beweisführung, Vortrag). – In der Alltagssprache sehr viel verbreiteter ist das Verb »demonschdriera« = zeigen, vorführen, beweisen. »Kasch mr des mol a me Beischpiel demonschdriera«, kannst du das anhand eines Beispiels aufzeigen?

Dischgeriera, dischkutiera, dischputiera. Mit anderen sich besprechen oder bereden; eine Unterhaltung führen, bei der es hitzig zugehen kann (frz. discuter – erörtern).

Dressiera bedeutet nicht nur das Bändigen und Zähmen von Tieren und Menschen, sondern auch, daß man Fleisch, Braten und Geflügel in eine gefällige Form geben möchte (frz. dresser – aufrichten, strecken, abrichten, [Speisen] anrichten). – Man spricht auch von der »Dressur« eines Bratens.

Dullo. Leichter Rausch (frz. tourillon – Drehzapfen). – Die Herkunft des Wortes aus dem Französischen ist durchaus möglich, aber nicht gesichert. Es mag auch aus dem schwäbischen Verb »dudla« = Alkohol trinken oder dem bairischen »Dult« = Jahrmarkt, Kirbe, abgeleitet sein. Wenn man einen »Dullo« hat, leidet man zwar schon unter Gleichgewichtsstörungen, ist aber noch nicht so schwer betrunken wie bei einem »Balla«. – August Lämmle hat dem Zustand sein Gedicht »Em Dullo« gewidmet:

Dr Dampfhannes loint an dr Tür
Ond ziegt älsgmach sein Schlüssel für,
Suacht noch am Schloß ond fends halt et:
»Wenns no«, sait r, »dr Gugug hätt!
Etz zahl i gwieß gnuag Hauszins doch
Ond hao bigott koi Schlüsselloch!«

Dunäll. Tunnel, Unterführung (frz. tonnelle – Gewölbe, Gartenlaube). – Bemerkenswert, wie das Schwäbische sich des Fremdworts bemächtigt hat! Statt der Betonung auf der ersten Silbe, die ein Absinken der zweiten Silbe in der Tonhöhe bewirkt – im Schriftdeutschen spricht man ja »túnnl« –, wird von den Schwaben die zweite Silbe akzentuiert und gleichzeitig das Anfangs-T in ein weiches D umgebildet: Dunäll.

Dus. Sacht, still; beschämt, schüchtern; trüb, grau, dunkel (frz. doux – süß, lieblich, mild, sanft, weich). – »Desch a Duser«, er ist ein Softie, ein sanfter Mann. »Duss isch dus«, draußen herrscht trübe Witterung. – Als Adverb wird meist die Form »dusmo« (mit nasaliertem o; frz. doucement – leise, behutsam) verwendet: »Etz isch r ganz dusmo«, er schämt sich. Der Besuch will beim Aufbruch noch ins Kinderzimmer, um sich von den schlafenden Kleinen zu verabschieden; mit einem geflüsterten »Dusmo!« bittet man ihn, auf Zehenspitzen zu gehen. – Die aus »dusmo« verkürzte Form »dusm« wird hingegen adverbial und adjektivisch gebraucht: »Heut bisch amol dusm«, heute bist du in dich gekehrter und wortkarger als sonst. »A dusmer Tag isch des«, heute ist ein Novembertag, ein Tag mit melancholischer, trüber, trauriger Grundstimmung. (Siehe auch »diesama«.)

Dusör. Entschädigung, Aufmerksamkeit (frz. douceurs – Schmeicheleien, Süßigkeiten). – »I gib dir a schöns Dusör, umsonst ischt dr Tod«, ich entschädige dich gut, schließlich kostet alles etwas. Wenn Kinder beim Metzger ein Wursträdchen oder beim Bäcker ein Bonbon bekommen, nennt man das »a Dusörle«.

Egal. Gleichgültig, gleichmäßig (gleichbedeutend frz. égal). – »Desch mir schnurzegal«, das ist mir völlig gleichgültig. »Desch egal ghägelt«, es handelt sich um eine gleichmäßige Häkelarbeit.

Eschoffiera. Aufregen, erhitzen, aufbringen (frz. échauffer – erwärmen, erhitzen). – »Eschoffier di doch ned so«, reg' dich nicht auf.

Etwi. Futteral, Behälter, Schutzhülle, etwa für die Brille oder für Schmuck (gleichbedeutend frz. étui).

Fisitiera. Besuchen, nachsehen, untersuchen (frz. visiter – besuchen, aufsuchen, durchsuchen, heimsuchen). – »Dem han i d Stub fisitiert«, ich habe sein Zimmer untersucht. »Fisitazio« ist ein Besuch, der mit einer Prüfung verbunden ist, eine Untersuchung.

Fissemadenda. Umstände, Ausflüchte, Zierei (frz. visitez ma tente – besuchen Sie mein Zelt!). – »Mach bloß keine Fissemadenda«, zier dich ja nicht! Zu einem, der Anstalten macht, sagt man auf dem Land: »Do lacht jo s ganz Dorf wega deine Fissemadenda!« – Der Ausdruck stammt aus der Soldatensprache. Die braven schwäbischen Mädchen machten nämlich Fissemadenda, wenn die Landsknechte sie aufforderten: »Visitez ma tente!«

Fladdiera. Schmeicheln (gleichbedeutend frz. flatter). – »Dem hent mr richtig flattiert«, wir haben ihn umgarnt. »Der kann mit dem Flattiera umgeha«, er weiß zu schmeicheln.

Fodegrafie. Fotografie. Drückt neben der ursprünglichen Bedeutung auch Physiognomisches aus (frz. photographie – Aufnahme, Lichtbild). – »I hau dir eins in dei Fotografie«, du hast einen Schlag ins Gesicht zu gewärtigen. Früher fertigten die Fotografen vor allem Porträtaufnahmen. Die Übertragung auf den abgebildeten Körperteil selbst, deas Gesicht, ist naheliegend.

Franschmo (mit nasaliertem o). Freiweg, rundweg, frisch, offen (gleichbedeutend frz. franchement).

Frikassiera. In Stücke schneiden; verprügeln; Fleisch, Geflügel, Fisch in zerlassener Butter mit Mehl, Fleischbrühe, Salz, Nelken, Zwiebeln usw. dünsten (frz. fricassée – Frikassee; frz. fricoter – etwas kochen, zurechtmachen, als Ragout zubereiten). – In Elise Henles gereimtem schwäbischem Kochbuch »So mag i's« aus dem Jahr 1892 heißt es unter »Ragout vom Briesle«: »[...] Des Briesle, des verschneidtscht in kleine Stückla und bereitscht a gutes Sößle ohne gleicha, stellscht Butter nô, den lascht verschleicha, tuscht Mehl dranei und rührscht es glatt, und wenn des kaum a Färble hat, nô lösch's mit guter Fleischbrüh ab – doch mach's net z'dünn, halt's Sößle knapp! Tu Salz dra und Zitronarädla und au a halbes Lorbeerblättle, au saura Rahm, an Löffel voll, und koch's nô mit dem Briesle wohl. Nô rührscht a Eigelb oder zwei mit eme Tropfe Wasser glei, schüttscht's Sößle dra, muscht's älsfort rühra, des nennet d'Deutsche ›fricassiera‹. [...]«

Frisiera. Das Haar zurechtmachen; bestimmte Eingriffe vornehmen, zum Beispiel bei einer Bilanz oder einem Motor (frz. friser – kräuseln, streifen, nahe daran sein) – Die Friesen trugen früher eine Haartracht aus Locken. Davon leitet sich das französische Wort ab, das dann wieder in den deutschen und schwäbischen Sprachschatz eindrang. Das Hauptwort »Friseur« (Frisör) wurde im entsprechend den französischen Hauptwörtern auf die Endung -eur nachgeformt. Im Französischen gibt es den coiffeur, aber keinen Friseur!

Garniera. Zieren, schmücken (frz. garnir – ausstatten, einfassen, überziehen). – Das Wort wird meist auf angerichtete Speisen bezogen.

Glasiera. Glasieren, mit einem Überzug, der Glasur, versehen (frz. glacer – gefrieren, erstarren lassen, mit Zuckerguß überziehen) – Backwerk, das mit einem Guß messerrückendick überstrichen wird, oder Töpferware, die einen Überzug erhält, wird glasiert.

Grilliera. Grillieren, grillen, auf dem Rost braten (frz. griller – rösten).

Gra... (mit nasaliertem a). Vorsilbe: Riesen... (frz. grand – groß). – Ähnlich wie »Jeesas...«, »Allmachts...« oder »Mords...« wird auch »Gra...« zur Steigerung von Schimpfwörtern eingesetzt: Gradackel, Grafetz, Grarindviech, Grabachel.

Gu. Geschmack, Geruch (frz. goût – Geschmack, Neigung). – Je nach Betonung, Satzmelodie und Zusammenhang kann »Gu« neutral sein oder einen besonders guten oder besonders schlechten Geschmack oder Geruch bezeichnen. So reicht die Bedeutung des Satzes »Des Floesch hot an Gu« von: dieses Stück Fleisch schmeckt besonders gut, bis: dieses Stück Fleisch ist verdorben und ungenießbar. Vgl. auch »Degu« und »Hogu«.

Gusche. Bett (frz. coucher – schlafen).

Haschee. Püriertes Fleisch in brauner Soße (frz. hacher – zerhakken).

Haseliera. Lärmen, toben, reizen, quälen (frz. haselant – Spaßmacher, Narr). – »Die Kender haselieret en dr Wohnung omenander«, die Kinder stellen in der Wohnung alles auf den Kopf.

Hogu. Geschmack und Geruch von älterem Fleisch (gleichbedeutend frz. haut-goût). – Übertragen bedeutet »Hogu« auch: Anrüchigkeit. »Des hot scho a bißle an Hogu, daß dui emmer obends alloe em Leonhardsvierdl schpaziera goht«, ihre einsamen abendlichen Spaziergänge durch den Stuttgarter Rotlichtbezirk sind etwas anrüchig.

Honett. Nobel, anständig, gesittet (gleichbedeutend frz. honnête). – »Desch a honette Person«, sie hat einen guten Ruf.

Hotwolee. Obere Zehntausend, vornehme Gesellschaft (gleichbedeutend frz. haute volée).

Howalle. Unbeholfener, ungelenker, ungeschickter, wenig gewandter, schwerfälliger Mensch (frz. haut valet – ranghöchster Diener). – Eine Charakterisierung, die sicher ursprünglich ironisch gemeint war.

Juschdament. Genau, gerade (frz. justement – gerecht, richtig). – So verschieden das schwäbische und das französische Wort auf den ersten Blick sind, beide bezeichnen Zustimmung. »Juschdament des moene«, genau das meine ich, das wollte ich sagen. Im Schwäbischen ist aber auch das zeitliche »gerade« gemeint: »Der isch juschdament zur Tür naus«, er ist gerade eben zur Tür hinausgegangen.

Kanapee. Sofa (gleichbedeutend frz. canapé).

Kapabel. Fähig, imstande (gleichbedeutend frz. capable).

Karess. Liebesverhältnis (frz. caresse – Liebkosung). – Siehe auch »Amurschaft«. »Karess mache« bedeutet: Faxen machen, Witze reißen.

Karessiera. Ein Liebesverhältnis unterhalten (frz. caresser – streicheln, liebkosen). – »Verzehl, wen karessiersch n grad«, laß hören, mit wem unterhältst du derzeit eine Liebesbeziehung? Ein Karessierer ist ein Frauenheld.

Karre. Wagen (gleichbedeutend frz. char). – Eines der wenigen Wörter, die schon im Lateinischen (carrus) und im Keltischen (carruca) derselben Wurzel entsprangen. Der Karre, mit offenem e, also etwa »Karrä«, gesprochen, bedeutet den von Hand oder einem Zugtier gezogenen Transportwagen. Die Karre, mit geschlossenem e, ist das Auto. Beide Lautungen sind auf der ersten Silbe betont, im Gegensatz zu:

Karree. Quadrat, Viereck; Rippenstück vom Rind oder Schwein; Durchfall; Galopp (frz. carré – Quadrat, Viereck, Beet). – »Mir ganget oimol ums Karree rom«, wir spazieren einmal um den Häuserblock. »I han de Karree«, ich leide unter Diarrhöe. »Der isch em helle Karree davo«, er ist in vollem Galopp davongeritten oder -gerannt.

Kasserol. Pfanne (frz. casserole – Kochtopf). – Die Kasserol ist immer das Bratgerät. Das Kasserol hingegen ist der Hintern, ein Ausdruck, der zu einer Zeit sehr lebendig war, als man Kinder meinte noch mit Körperstrafen erziehen zu müssen: »I versilber dir dei Kasserol, daß de drei Tag ned nahocka kasch«, ich werde dir so intensiv auf den Hintern schlagen, daß du drei Tage lang nicht mehr sitzen kannst. Im Hochdeutschen spricht man ja auch davon, daß man jemanden in die Pfanne haut.

Kiwif. »Der isch aufm Kiwif« bedeutet: Er ist auf der Hut, er nimmt sich in acht (frz. qui vive? – Wer da?).

Komede. Umstände (frz. comédie – Komödie, Spaß, Scherz). – Wenn es im Leben zugeht wie in manchen Luststücken, nämlich umständlich, unsinnig und gequält komisch, dann macht sich der Schwabe durch den Ausruf Luft: »Ha so a Komede!«

Kommlich. Bequem, umgänglich, passend (gleichbedeutend frz. commode).

Kommod. Halbhoher Schrank mit Schubkästen; bequem, gemütlich (gleichbedeutend frz. commode). – Das Substantiv, im Französischen la commode, ist vom Adjektiv beziehungsweise Adverb abgeleitet, denn eine Kommode ist ein bequemer, gemütlicher Schrank. »Kommod« kann ein Mensch ebenso sein wie ein Kleidungsstück oder eine Situation: »Mir hends kommod ghet«, es ist gemütlich zugegangen. »Machets eich kommod«, fordert man die Gäste auf, macht's euch gemütlich.

Kompliment. Anerkennung, Schmeichelei (gleichbedeutend frz. compliment).

Konwersazio. Gespräch, Unterhaltung (gleichbedeutend frz. conversation).

Kor. Gruppe, Bande, Gesindel (frz. corps – Körper, Leichnam, Heeresabteilung). – Obwohl Kor allein schon ein abwertender Ausdruck ist, kennt das Schwäbische noch verächtlichere Zusammensetzungen: a Lompekor (= Lumpengesindel), Wanzakor, Saukor, Rattekor.

Krampola. Krach machen, lärmen, poltern (frz. caramboler – anprallen, zusammenstoßen). – Davon abgeleitet, finden sich im Schwäbischen auch zwei Hauptwörter: »Krambol«, der Lärm, und »Karambolasch«, der Zusammenstoß, der Unfall.

Kujoniera. Schikanieren, quälen (frz. coïonner – jemanden einen Schuft schelten; frz. coïon – der Schuft).

Kurasch. Mut (gleichbedeutend frz. courage). – »Des Weib hot Kurasch«, sie ist eine mutige Frau. Auch das Adjektiv »kuraschiert«, mutig (von gleichbedeutend frz. courageux), ist gebräuchlich.

Kuwert. Briefhülle, Briefumschlag. – Das Wort ist fälschlicherweise dem französischen Verb couvrir (bedecken) nachgebildet. Der Franzose kennt das Hauptwort couvert für Briefumschlag nicht. Er sagt: enveloppe.

Labae. Kaninchen; ängstlicher und tolpatschiger Mensch (frz. lapin – Kaninchen).

Lafett. Gestell von Geschützen, Lafette (gleichbedeutend frz. affût). – Gott sei Dank wird das Wort heute vorwiegend in historischem Zusammenhang gebraucht. Im Schwäbischen jedoch heißt »Lafett« auch großer Mund, Schandmaul. Davon abgeleitet gibt es sogar ein Zeitwort »läffra«, labern.
Dieser Wortstamm jedoch leitet sich nicht vom Französischen, sondern vom mittelhochdeutschen Wort »lappe« (etwas Loses, Unbefestigtes) ab. Derselben Wurzel sind die hochdeutschen Wörter Lappen, (Ohr-)Läppchen, Laffe, läppisch, Lefze und wohl auch labern sowie die schwäbischen Ausdrücke »Lappe« (Lappen; Mund), »Lapp« oder »Lappel« (Mund, Maul) sowie »romlapple« (lose herunterhängen, herumbaumeln) entsprossen.

»Desch koe Malör!«

Lamperie. Wandverschalung, Gipsverkleidung, Täfelung (gleichbedeutend frz. lambris).

Leschär. Leicht, lässig, zwanglos, bequem (frz. à la légère – leichthin, leichtgekleidet).

Losament, Loschement. Wohnung, Quartier (gleichbedeutend frz. logement).

Loschie. Unterkunft, kleine Wohnung (gleichbedeutend frz. logis). – Früher weiter verbreitet war der »Loschieherr«, der keineswegs Herr über die Loschie war, sondern im Gegenteil ein Untermieter. Auch ein Verb »loschiera« kennt das Schwäbische: wohnen, sich einquartieren. »Desmol hem mer im Hodell loschiert«, erzählen die Urlauber, die sonst das Ferienhaus oder den Campingplatz gewöhnt sind, – diesmal haben wir im Hotel gewohnt.

Malör. Unglück (gleichbedeutend frz. malheur). – »Desch koe Malör«, das ist nicht schlimm.

Malträtiera. Mißhandeln (gleichbedeutend frz. maltraiter).

Mariniera. Marinieren, in Würztunke einlegen (frz. mariner – einpökeln, in Essig legen). – Das Wort entstammt der französischen Seemannssprache; um Lebensmittel für lange Seefahrten haltbar zu machen, hat man sie gepökelt, mariniert. Lateinisch »mare«, französisch »mer« bedeutet »Meer«. – Heute legt man des Geschmacks wegen Fische, Fleisch oder Geflügel kalt in Essig und Öl mit Zitronenscheiben und Gewürzen; dieses Einlegen nennt der Schwabe »mariniera«. Die Salatmarinade hingegen heißt auf Schwäbisch ganz banal »Salatsoß«.

Melak. Rauhbautz, ungehobelter Geselle. Nach dem französischen Feldmarschall Ezéchiel Graf von Mélac, unter dessen und Feldmarschall Montclars Kommando im Pfälzischen Erbfolgekrieg 1688–1697 Württemberg, Baden-Durlach und die Kurpfalz verwüstet, geplündert und niedergebrannt wurden. In der vom Calwer Verlagsverein herausgegebenen »Geschichte von Württemberg« aus dem Jahr 1876 lesen wir: »Sobald es dem Könige [Ludwig XIV. von Frankreich] gefiel, ergriff er die Waffen wieder und schickte seine Räuberhorden unter Montclar und Mélac nach Schwaben herüber, wo man an keinen Einfall dachte, indem die Truppen theils im Türkenkrieg, theils in venetianischem Sold abwesend waren, um den Peloponnes mit ihrem Blute zu düngen. Im Okt. 1688 drangen sie, kaum 1500 Mann stark, in Wirtemberg ein, indem sie die Brücke von Laufen besetzten und überallhin Requisitionsschreiben sandten. Die Bürger in Heilbronn wehrten sich trefflich, aber der Rath ließ die Franzosen ein. Am 3. Dec. wurde dem General Montclar der Asperg übergeben, wogegen er Stuttgart zu schonen versprach. Dafür wurde Cannstatt auf den Grund verderbt, Eßlingen von Mélac mit seinen zauberischen Hunden ausgesogen, jedes Zeughaus geleert und ›das ganze Kreuzabc mit jedem Dorfe durchbuchstabiert‹. [...] Mélac war indessen [von Tübingen] über Geißlingen nach Schorndorf gezogen. Schon war der Stadtrath bereit, die Festung zu übergeben, da eilten die Bürgerinnen, von der Frau des Bürgermeisters Künkele angeführt, mit Ofengabeln und allerlei Kuchel- und Stallgewehr herbei, drohten ihren Männern, sie todtzuschlagen und bewachten sie 60 Stunden lang auf der Rathstube, bis der Mannesmuth erwachte. Ihren Widerstand wußte der wackere Commandant Krumhaar dann so zu leiten, daß Mélac 14. Dec. abziehen mußte. Aehnlich gieng es ihm vor Göppingen: die Weiber wehrten sich am Thomastag gegen die Contribution hartnäkig, bis der Succurs über die Alb her eintraf. Aergerlich darüber gieng Montclar auf Stuttgart los [...]«

Merink. Sahnebaiser (gleichbedeutend frz. meringue).

Meschant. Schlecht, schlimm, elend, böse, boshaft, ungezogen (gleichbedeutend frz. méchant).

Moleschdiera. Belästigen (gleichbedeutend frz. molester). – »I wollt ned moleschdiera«, ich wollte nicht stören, wollte Sie nicht belästigen. »Moleschde« sind lästige, unangenehme, peinliche Umstände, Beschwerlichkeiten.

Mussiera. Schäumen, perlen (gleichbedeutend frz. mousser). – »Wann dr Moschd edel isch, no mussiert er«, ein edler Most (der im Schwäbischen aus Äpfeln und Birnen hergestellt wird) moussiert.

Nessessär. Reisebeutel mit Nagelputzzeug und anderen Toiletteartikeln (gleichbedeutend frz. nécessaire; eigentlich: notwendig).

Nobel. Vornehm, edel (frz. noble – adelig, edel). – »Nobel, on wenn d Katz verreckt«, heißt ein schwäbischer Spruch: Er oder sie gibt sich selbst unter den schlimmsten Umständen noch vornehm.

Offeriera. Anbieten (frz. offre – Angebot). – Vom selben französischen Wort ist »Offerde« abgeleitet, das Angebot, vor allem das Stellenangebot.

Pada (beide a nasaliert). Seitenstück, Gegenstück, Entsprechendes (gleichbedeutend frz. pendant). – »s Pada zu dem Schränkle han i meiner Dochter mit en d Ehe geba«, erklärt die Hausfrau stolz einer Besucherin: das Gegenstück zu diesem Schrank habe ich meiner Tochter in die Ehe mitgegeben.

Paniera. Panieren; Fleisch, Fisch oder Gemüse zunächst in verrührte Eier, dann in Weckmehl (Paniermehl) eintauchen, schließlich braten (gleichbedeutend frz. paner).

Parforsch. Energisch, frech (frz. par force – kraftvoll).

Parla. Undeutlich sprechen; für andere unverständlich reden (frz. parler – sprechen). – »S Kind ka scho älles parla«, das Kind hat zwar noch eine undeutliche Aussprache, aber es beherrscht schon alle Worte.

Parliera. Rasch, unverständlich oder in einer fremden Sprache reden (frz. parler – sprechen).

Partie. Teil; Heiratskandidat; Mietspartei; Ausflug (frz. parti – Entschluß, Vorteil, Partei, Partie). – »En dr untere Partie gfallt mr des Bild ned so«, im unteren Bereich gefällt mir das Gemälde nicht so gut. »En dera Kegelpartie han fei i gwonna«, in dieser Spielrunde des Kegelspiels habe übrigens ich gewonnen. »Die isch a gute Partie«, es lohnt sich, sie zu heiraten. »Der hot a gute Partie gmacht«, es hat sich für ihn gelohnt, diese reiche, schöne oder mit anderen Qualitäten versehene Frau zu ehelichen. »Kommsch am Sonndich mit uf a Bootspartie?«, begleitest du mich am Sonntag bei einem Bootsausflug?

Partu. Absolut, durchaus, mit Gewalt (frz. partout – überall). – Dieses Wort hat sich der schwäbische Sprachschatz ganz und gar einverleibt. »Er will die Sach partu han«, er besteht darauf, das Ding in jedem Fall zu bekommen. Oft wird »partu« als Kraftausdruck oder Lückenbüßer verwendet.

Pasch. Würfel, Würfelwurf mit gleicher Punktzahl, Name eines Würfelspiels (frz. passe-dix – wörtlich: überschreite zehn). –

»Hosch zwoe Pasch dabei?«, hast du zwei Würfel bei dir? Statt »würfeln« benützt man im Schwäbischen auch das Verb »pascha«.

Passabel. Leidlich, ziemlich gut, erträglich (gleichbedeutend frz. passable). – »S Obschd stoht passabel«, der Obstertrag verspricht nicht schlecht, aber auch nicht besonders reichlich zu werden. »Passabel« kann auch Antwort auf die Frage: »Wie gohts?« (wie geht es?) sein.

Paßbol. Einfaß-Litze (gleichbedeutend frz. passe-poil).

Passiera. Vorübergehen, durch Zollschranken, Polizeisperren o. ä. gehen; begegnen, widerfahren; ereignen; seihen, eine Soße oder Brühe durch ein Sieb treiben (gleichbedeutend frz. passer). – »Ma hot mi passiera lassa«, man ließ mich durchgehen. »Des isch mir heit passiert«, das habe ich heute erlebt. »So ebbes ka emmer passiera«, das kann immer vorkommen. »Des isch mr no nie passiert, hot seller Henker gsagt, dem der Kropfige durch da Schtrick grutscht isch; jo, hot dr Ghängte gsagt, mir au no net.« – Mit »passiert« gibt es auch einige Redensarten, zum Beispiel »Laß mi passiert«, laß mich in Ruhe. »Passiert!«, ich erlaube es.

Patentiera. Patentieren (frz. patente – Handelsgenehmigung, Gewerbeschein; früher: königliche Urkunde). – Wenn jemand einen dummen Einfall hat, schlägt man ihm vor: »Los, laß en dir patentiera!« – »Patent« gibt es im Schwäbischen auch als Adjektiv und Adverb; es bedeutet dann flott, gescheit, lebenstüchtig. »Er isch a patenter Kerle ond hot au a patents Weib.« Diese Wortverwendung war zuerst in schwäbischen Studentenkreisen des 19. Jahrhunderts üblich. Ungeklärt ist freilich, ob sie sich aus dem französischen Hauptwort ableitet – wer einen Gewerbeschein oder ein Patent zu erwerben vermag, ist klug und lebenstüchtig – oder aus dem lateinischen Adjektiv »patens« = offen, frei, klar, zugänglich.

Paterr. Erdgeschoß, im Erdgeschoß (frz. par terre – zu ebener Erde).

Pedäderle. Kleines Gerät, das nur manchmal funktioniert (frz. peut-être – vielleicht). – Da der Zündholzersatz besonders unzuverlässig funktioniert, wird »Pedäderle« manchmal mit »Feuerzeug« gleichgesetzt.

Pik. Groll, Haß, Aversion (frz. pique – Spieß; früher auch: Groll). – »Uf da Karle han i en Pik«, gegenüber Karl hege ich Groll.

Pitschiera. In üble Lage bringen (frz. piteux – jämmerlich; pitié – Mitleid). – »Jetz isch r pitschiert«, jetzt hat er den Dreck.

Plümo. Federbett (frz. plume – Vogelfeder).

Portmanee. Geldbeutel (gleichbedeutend frz. Portemonnaie).

Poschtiera. Auf einen bestimmten Platz stellen (frz. poster – aufstellen). – »Do hot ma mi herposchtiert, und do bleib i«, mir ist befohlen worden, mich hierherzustellen, und hier bleibe ich.

Pottschamber. Nachttopf (gleichbedeutend frz. pot de chambre). – Den Inhalt desselben leerte man in den schwäbischen Städten früher einfach aus dem Fenster auf die Straße. So auch in Tübingen, der Heimat der Gogen-Witze, die sich um die dortigen Weingärtner (»Gogen« oder »Raupen« genannt) ranken. Heinz-Eugen Schramm erzählt in seiner einschlägigen Sammlung den folgenden: »Ein Student in Vollcouleur (also in der Uniform einer Studentenverbindung) schritt durch eine enge Gasse in der unteren Stadt. Da plätscherte ihm unversehens der Inhalt eines Pottschamberles aufs Kappendach. Mit empörten Worten machte der Studio seinem Unmut Luft. Da öffnet sich oben das Fenster nochmals, und ein Gogenweib erklärt beruhigend: ›O Herrle, des ist doch net so schlemm; 's isch jo bloß vom Kend!‹«

Preschdiera. Leisten (frz. preste – schnell, flink, behende; prestation – Leistung, Abgabe; prestige – Ansehen, Nimbus). – Kann als Prästation (Leistung) ausgelegt werden. Wer also »nemme preschdiera ka«, kann nicht mehr für etwas aufkommen, kann es nicht mehr leisten, haftet nicht mehr dafür. Andererseits wird »preschdiera« auch von Prestige abgeleitet. Wer »nemme preschdiera« kann, hat kein Ansehen, keine Geltung, keinen Einfluß mehr.

Pressiera. Eilen, drängen (frz. presser – zur Eile antreiben, beschleunigen, drängen). – »Sui hat fürchtig pressiert«, sie hatte es sehr eilig. »Pressiera Se doch net so!«, drängen Sie nicht so! – Auch das Adjektiv und Adverb »pressant« für eilig, dringlich, kennt das Schwäbische (gleichbedeutend frz. pressant): »I habs heut pressant«, ich muß mich beeilen, ich habe es eilig.

Propper. Sauber; auch im übertragenen Sinn: etwas, worauf man stolz sein kann (frz. propre – sauber, eigen, eigentlich, eigentümlich, wirklich). – »A proppers Häusle, älles propper eigricht«, ein Haus, auf das der Eigentümer stolz sein kann und das hübsch eingerichtet ist.

Pussiera. »Einer Person den Hof machen, das ist poussieren. Das französische pousser heißt treiben, stoßen und ist wahrscheinlich in der napoleonischen Zeit in unseren Sprachschatz eingesickert. In einem alten Lexikon findet sich die passende Übersetzung: pousser = ›den Hof machen, jemanden mit dem Ellenbogen anstoßen, winken mit den Äugelein, treten mit dem Fuß‹. Ein Poussierhengst ist ein Jäger, der sich auf die Jagd nach Schürzen beschränkt. Unter einem Poussierschtengel verstand man vor vierzig Jahren am Gymnasium Cannstatt dasselbe. Fischers ›Schwäbisches Wörterbuch‹ behauptet dagegen, es sei ein ›leichtfertiges Mädchen‹, also ein Mädle, das ›burschelet‹.« (Thaddäus Troll)

Räso. Vernunft, Verstand (frz. raison – Vernunft, Verstand, Recht, Billigkeit). – »Wart no, di bring i scho zur Räso«, ich bringe dich zur Vernunft. Räsoniera nennt man es, wenn ein Rechthaber schimpft und vor sich hin bruddelt.

Ragall. Zornige, böse, keifende Frau (frz. racaille – Pack, Gesindel, Abschaum). – Ein beleidigendes Schimpfwort ist die Verbindung »Ragalluder«: Der so Beschimpften wird nachgesagt, auf sie träfen nicht nur die oben genannten Attribute zu, sondern sie sei auch noch ein loses Weib. Und was tut die Ragall? Sie »ragallt«, schimpft und keift.

Randewu. Verabredung, Stelldichein (gleichbedeutend frz. rendez-vous).

Rar. Selten (gleichbedeutend frz. rare). – »En Schwob, der wo koine Schbätzle mog, isch rar«, es gibt nur wenige Schwaben, die das schwäbische Nationalgericht Spätzle nicht mögen. »Deschd a rarer Kerle«, jemanden wie ihn findet man selten. »Deschd a rarer Vetter« hingegen ist ironisch und abschätzig gemeint: Er gehört nicht zu den Menschen, die man selten findet; er taugt nicht viel.

Redur. Zurück (gleichbedeutend frz. de retour). – »Zwoe Schduegerd redur« verlangt man am Fahrkartenschalter, zwei Rückfahrkarten nach Stuttgart. »Des kriegt er redur«, das zahle ich ihm heim. Eine »Redurkutsch« ist eine schlagfertige Entgegnung, wenn man also beispielsweise auf die in Schwaben bekanntermaßen gebräuchliche Einladung: »Leck me am Arsch« zurückgibt: »Aber du mi ned mit deira dreckada Zong!« (du mich nicht, dazu ist mir deine Zunge zu dreckig.)

Refolutzio. Revolution, gewaltsamer Umsturz (gleichbedeutend frz. révolution). – Unter einem »Refolutzer« (Revoluzzer) wird ein »refolutzischer«, ein radikal eingestellter Mensch verstanden, einer der gern »refolutzt«, nämlich die Revolution probt oder organisiert.

Remis. Geräte- oder Wagenschuppen (gleichbedeutend frz. remise).

Renommee. Ruf, Ansehen (gleichbedeutend frz. renommée). – »Dem sei Renommee isch hee«, sein Ruf ist geschädigt, sein Ansehen zerstört. »Renommiert« bedeutet angesehen, in gutem Ruf stehend; das Verb »renommiera« hingegen heißt angeben, prahlen. »So a renommierte Firma, die heddets doch net needich, daß se renommieret«, diese angesehene Firma hätte es doch nicht nötig, aufzuschneiden.

Reputierlich. Ehrbar, anständig (frz. réputation – guter Ruf).

Reschpekt. Respekt, Achtung, Hochachtung (gleichbedeutend frz. respect). – »Reschpektspersonen« sind etwa der Bürgermeister, der Lehrer, der Pfarrer. Ein »reschpektierlicher« Kerl ist ein anständiger Mensch.

Reschtaurazio. Gastwirtschaft, Bewirtschaftung (frz. restaurant – Speiselokal; restauration – Gaststättengewerbe). – Nicht nur die Bahnhofsgaststätten trugen früher im Schwabenland in großen Buchstaben die Aufschrift »Restauration«:

Auf de schwäb'sche Eisebahna
gibts au viele Rescht'razione,
wo mer fressa, saufa ka',
älles, was der Maga ma'.

Resolut. Entschlossen, durchsetzungskräftig (gleichbedeutend frz. résolu).

Rumora. Unruhig sein, geräuschvoll herumstöbern oder -kramen (frz. rumeur – allgemeine Unruhe, Aufregung, Lärm). –

»E meim Bauch rumort's«, mein Magen arbeitet und gibt Geräusche von sich. »Wemmer des Romrumora ned uffheard, gibts an Eidrag«, schimpft der Lehrer, wenn nicht bald Ruhe herrscht, muß ich einen Eintrag ins Klassenbuch vornehmen (wörtlich: wenn mir das geräuschvolle Herum-Herumkramen nicht aufhört ...)

Salär. Entlohnung, Gehalt, Arbeitslohn (gleichbedeutend frz. salair).

Schäslo. Sofa (frz. chaise-longue – Liegestuhl; wörtlich: langer Stuhl, langer Sessel). – Das noch heute sehr gebräuchliche Wort ist ein typisches Beispiel dafür, wie sich die Bedeutung eines ins Schwäbische übernommenen Fremdworts wandeln kann. Die Franzosen sagen zu einer Couch nämlich canapé, divan oder sofa.

Schagriniera. Ärger haben, sich aufregen (gleichbedeutend frz. chagriner).

Schalu. Aufgeregt, aus dem Häuschen, verwirrt, ratlos (frz. jaloux – eifersüchtig). – »Vo dem Schbekdakl bin i ganz schalu«, der Lärm bringt mich ganz durcheinander.

Schalusie. Rolladen (frz. jalousie – Eifersucht; davon abgeleitet auch im Französischen mit der Bedeutung Jalousie, Rolladen). – »Laß d Schalusi ronder«, schließe den Rolladen. »Mach d Schalusi uf«, ziehe die Jalousie hinauf.

Schandell. Kerze (gleichbedeutend frz. chandelle).

Schanz. Gute Gelegenheit, Chance (frz. chance – Glück).

Schapo. Hut (gleichbedeutend frz. chapeau).

Schassa. Verjagen, fortjagen, kündigen (frz. chasser – jagen, hinausjagen, schleudern). – Wird mit verächtlichem Unterton gebraucht: »Den hot ma gschaßt, weil er bschissa hot«, ihm wurde aufgrund leichter Betrügereien gekündigt.

Schbekdakl. Schauspiel, großer Lärm, Krach, Skandal (frz. spectacle – Anblick, Schauspiel). – »Mach koin so Schbekdakl«, du verursachst zu großen Lärm, sei ruhiger. »Des war a Mordsschbekdakl«, es gab einen Riesenkrach, ein großes Schauspiel.

Schdellasch. Sperriges Gestell (frz. stalle – Chorstuhl, Sperrsitz; stallage – Bestuhlung).

Schees. Kutsche (frz. chaise – halbverdeckter Wagen; auch: Stuhl, Sessel). – »Wer zom Schubkarra gebora isch, der kommt in koe Schees« heißt ein fatalistisches schwäbisches Sprichwort: wer für die Schubkarre geboren ist, kommt in keine Kutsche, wird nie reich und angesehen; das heißt: gesellschaftlicher Aufstieg von »ganz unten« nach »ganz oben« ist äußerst selten.

Scheniera. Beengen, behindern, belästigen, gehemmt sein, in Verlegenheit bringen oder sein (gleichbedeutend frz. gêner). – »Schdell dein Karra no do no, do scheniert s me ned«, fahre deinen Wagen ruhig dorthin, an diesem Platz behindert er mich nicht (wörtlich: stelle deinen Karren nur dorthin, dort behindert es mich nicht). »Daß du di ned scheniersch ...«, es zeugt von deiner Verworfenheit, daß du nicht in den Erdboden versinken möchtest. »I mechd ned scheniera«, ich möchte nicht stören. »En d Saona? Do dädi mi scheniera!«, in einer Sauna würde ich mich genieren; wörtlich: in die Sauna ... (hier muß eine Ergänzung mitgedacht werden, die sich aus dem Gesamtzusammenhang ergibt: In die Sauna gehst du? In die Sauna geht er? In die Sauna soll ich gehen? oder ähnlich.) – Eine eingeengte Bedeutung hat das Eigenschafts- und Umstandswort »schenant«; es heißt nicht behindert oder beengt, sondern nur: gehemmt, verlegen. »Der isch halt schenant«, sagt die Mutter über ihr fremdelndes Kind. – Das Wort »gêner« hat sich aus dem altfranzösischen Verb »gehir« = gestehen entwickelt; im Mittelalter hieß »gehiner« foltern.

Schmiesle. Leibchen, Hemdchen, breiter aufgesetzter Kragen an der weiblichen Tracht (frz. chemise – Hemd).

Schosseh. Landstraße (gleichbedeutend frz. chaussée).

Schwadroniera. Prahlen, aufschneiden (frz. escadron – Schar, Schwadron, Kompanie der Kavallerie). – »Er schwadroniert em ganza Ort rom«, er führt im ganzen Ort das große Wort.

Schwitisiera. Umherschwirren, häufig ausgehen, sich herumtreiben (frz. suite – Folge, Gefolge, Folgerichtigkeit, Fortsetzung, Wirkung, Zusammenhang, Beharrlichkeit). – Das Wort wird gern auf diejenigen angewandt – und meist mit einem geringschätzigen Naserümpfen –, die ein leichtes Leben führen und viele Freunde bzw. Freundinnen haben. Man hört oft tadelnd sagen, daß der oder die »au ebbes umanander schwitisiert«. –

Soßaschwob

Ein »Schwitjeh« ist ein Windbeutel oder ein vergnügungssüchtiger Reisender.

Serviera. Aufwarten, bedienen, anbieten, angerichtete Speisen zu Tisch geben (gleichbedeutend frz. servir).

Solid. Fest, massiv, haltbar, dauerhaft, gediegen, kräftig, gesund, anständig, vertrauenswürdig (gleichbedeutend frz. solide). – Es gibt in Schwaben kaum eine bessere Empfehlung als die, es handle sich um »a solids Mädle«, »an solida Kerle« oder »a solide Firma«.

Soß. Soße, Tunke (gleichbedeutend frz. sauce). – Zum schwäbischen Nationalgericht, den Spätzle, gehört Soße wie Ketchup zum Hamburger, Senf zu einem Paar Frankfurter oder Puderzucker zu Berlinern. (Eine Ausnahme bilden nur die besonderen Zubereitungsarten Kässpätzle und geröstete Spätzle.) Deshalb nennt man die Schwaben nicht nur Spätzlesschwoba, sondern manchmal auch Soßaschwoba.

Suttrai. Keller, Untergeschoß (frz. souterrain – unterirdisch, heimlich).

Transchiera. Abschneiden, zerlegen, zerteilen (gleichbedeutend frz. trancher). – »Laß mir mei Ruha, oder i transchier dir da Deez!«, laß mich in Ruhe, oder ich haue deinen Kopf durch.

Trawalla. Übermäßig arbeiten (frz. travailler – arbeiten, bearbeiten, quälen).

Trottwar. Bürgersteig, Gehweg (gleichbedeutend frz. trottoir).

Tuschur. Immer, stets, fortwährend (gleichbedeutend frz. toujours).

Tutegal. Völlig gleichgültig (gleichbedeutend frz. tout égal).

Tutlabutik. Die ganze Geschichte, die ganze Sache, alles (frz. toute la boutique – der ganze Laden). – Der Ausdruck war in Stuttgart Mitte des 19. Jahrhunderts geläufig.

Tutmem, tutmemschos. Ganz gleichgültig (frz. tout de même – trotzdem; toute la même chose – genau dieselbe Sache). – »Desch mir tutmemschos, sait dr Franzos«, das ist mir toute la même chose, sagt der Franzose.

Verbattera. Kosend schlagen (frz. battre – schlagen, verprügeln). – »Wart no, i verbatter de!« droht man Kindern im Scherz, um ihnen dann einen laut klatschenden, schmerzlosen Schlag zu verpassen oder sie liebevoll zu tätscheln.

Verexkusiera. Entschuldigen (gleichbedeutend frz. excuser). – »Beim Euges muß i mi verexkusiera«, bei Eugen muß ich mich entschuldigen.

Vermaledeia. Verfluchen, verwünschen (frz. malédiction – Verwünschung, Fluch, Mißgeschick).

Visasch. Gesicht (gleichbedeutend frz. visage). – Nur in spöttischem Ton verwendet oder grollend: »Dei Visasch gfallt mr gar net«, dein Anblick mißfällt mir. »Dem hau i in d Visasch«, ich werde ihm ins Gesicht schlagen.

Waschlafor. Waschschüssel, Waschbecken (frz. lavoir – waschen). – Nach dem Motto »doppelt genäht hält besser« wurde daraus Waschlafor = Wasch-Waschbecken.

Wief. Aufgeweckt, munter, lebhaft, schlau, durchtrieben, pfiffig (frz. vif – lebendig, lebhaft, munter, scharf, eindringlich). – »Der isch wiefer wie sei Vatter«, er ist schlauer als sein Vater. »So a wiefs Luder«, so eine in hohem Maß durchtriebene Frau. (Auch hier lautet das Motto wie beim Waschlafor, denn schon die Verwendung des Wortes Luder drückt aus, daß es sich um eine durchtriebene Weibsperson handelt – allerdings eher abwertend, während »wief« immer anerkennend gemeint ist.

Wisawi. Gegenüber (gleichbedeutend frz. vis-à-vis). – »Desch glei wisawi«, das befindet sich gleich gegenüber. »Wisawi« wird auch substantivisch gebraucht: »Bei dera Hocketse isch mei Wisawi au ned dr Schenschd gwä«, der mir bei diesem Straßenfest am Tisch Gegenübersitzende war ziemlich häßlich.

Menschliche Eigenschaften – schwäbische Adjektive und Adverbien

Rein sprachlich gesehen ist das Eigenschaftswort ein gefährliches Wort. Wird es richtig angewandt, so vermag es Wunder zu tun; behandelt man es dagegen falsch oder gar unvernünftig, verliert die Aussage ihre Bedeutung oder bekommt ungewollt eine neue, andere. Das Eigenschaftswort kann mit einem Hauptwort eine Art Bund eingehen. Es benennt, wie der Name schon sagt, eine Eigenschaft, ein Merkmal oder einen Zustand dessen, was das Hauptwort umschließt. Zu seinem Wesen gehört es auch, daß es den Grad einer Eigenschaft anzugeben vermag.

Dasselbe gilt für die Umstandsworte. Sie benennen die Art und Weise, den Ort, die Zeit einer Beschäftigung; und sie verbinden sich mit dem Verbum. Wenn man das Eigenschafts- oder das Umstandswort steigert, lassen sich Dinge, Sachverhalte, Tätigkeiten miteinander vergleichen oder voneinander unterscheiden.

Es gibt eine Reihe schwäbischer Adjektive und Adverbien, die in der Hochsprache unbekannt sind. Meist sind es Begriffe, die das Menschliche in einer ganz bestimmten Weise und von einer einzigen Sicht aus zu treffen suchen. Im ganzen lassen sie erkennen, daß die schwäbische Mundart die Eigenschaften der Dinge vom Wesentlichen her charakterisiert.

Ärmlich wird im Schwäbischen nicht nur auf Armut, sondern auch auf Menschen bezogen, die keinen Funken Humor haben, die kleinlich und empfindlich sind: »Des isch amol a ärmlicher Kerle«, er ist bierernst und dünnhäutig.

Albacha kommt von altgebacken. – Das »t« und das »ge« werden beim Sprechen verschluckt, ebenso wie anstelle des »ck« ein »ch« gesprochen wird; und so klingt es eben albacha. Man versteht darunter Brot oder Gebäck, das schon einige Tage alt ist. Es wird auch auf Personen angewandt, die in ihren Ansichten rückständig oder die altmodisch gekleidet sind. Daher die Redensart: »Der schwätzt amol albaches Zeug raus«; oder: »Dui isch aber au albacha azoga«. »Du albachener Furz« ist ein bitterböses Schimpfwort.

Bächeleswarm. Angenehm warm. – Das Wort hat seinen Ursprung im Wort »bäha« (erwärmen, mit Wärme behandeln), hängt wohl aber auch mit »bacha« (backen) zusammen (vgl. »bäha« und »bacha«).

Bhäb. Das Wörtchen hat je nach Situation zwei miteinander verwandte Bedeutungen. Sitzen oder stehen zwei Menschen eng beisammen, so sind sie »bhäb beieinander«. Ist einer aber mit Geld und anderen Dingen geizig, so sagt man von ihm auch, er sei bhäb. Das Wort leitet sich aus dem mittelhochdeutschen »behabend« = eigenes festhaltend ab, das bis ins 19. Jahrhundert auch im Schriftdeutschen gebräuchlich war.

Bigott. Frömmelnd, scheinheilig, abergläubisch. Ursprünglich: bei Gott. Davon abgeleitet auch in der Bedeutung wahrhaftig, fürwahr oder einfach verstärkend: »Geschdern ischs bigott hoeß gwä«, gestern war ein wirklich heißer Tag. Auch als Ausruf gebraucht: »Ja, bigott!«, tatsächlich! »Saufet bigott, s isch a Fest!«, trinkt, soviel ihr könnt, es ist ein Fest! Schließlich wird »bigott« auch als verstärkende Vorsilbe gebraucht: »Du Bigottsschlamper!«, du äußerst Unordentlicher!

Blitzgscheit. Sehr intelligent. – Es handelt sich hier um eine Ausnahme, denn die verstärkende Vorsilbe »blitz-« wird meist mit abwertenden Adjektiven kombiniert: blitzwüst, blitzliederlich, blitzblöd, blitznarret. »Ällsomer Wald ond Fruucht ond Gras, ond d Alb blitzblo ond d Luft wia Glas«, heißt es bei Sebastian Blau.

Wie reagiert man, wenn es blitzt? Man erschreckt, fährt zusammen, erstarrt, staunt. All diese Reaktionen beinhaltet der Ausruf »Blitz« in vielen Redensarten: Hotz Blitz! Potz Blitz! Kotz Blitz und elfe! Blitz Sakerment! Blitz nomol! Schlag mi der Blitz! Und was ist mit den Menschen, bei deren Anblick oder Taten man erschreckt, erstarrt, staunt? Sie nennt der Schwabe ebenfalls Blitz. »Du Blitz, du!« – das ist ein Schimpf mit Augenzwinkern, eine Anerkennung für etwas, was man nicht so ganz akzeptieren kann, für einen blitzgscheiten Streich. In der Zusammensetzung heißt das dann »Blitzhex«, »Blitzmädle«, »Blitzkrott« oder auch »Heidablitz«, »Herrgottsdondersblitz«, »Teufelsblitz«. Der Blitzschwab, einer der Sieben Schwaben, hieß allerdings so, weil er so oft »Potz Blitz!« sagte.

»Herabgesetzt wird der Blitz erst durch den Zusatz ›wurmiger‹ Blitz (eine besonders schöne Zusammensetzung) oder ›dommer‹ Blitz: ein Mann, dessen Fähigkeit zu blitzenden Einfällen von der Unfähigkeit gelähmt wird, Erfahrungen auszuwerten. Viel dümmer als ein dommer Blitz ist einer, der blitzdomm ist. Als Vorsilbe verstärkt der Blitz: Man muß schon blitzblau (volltrunken) sein, um einem blitzhäßlichen (schwäbisch besser: blitzwiaschden) Mädle einen Antrag zu machen.« (Thaddäus Troll)

Blutt. Bloß, nackt, leer. – »Der blutte Kaschda hot scho dausend Mark koschd«, der Schrank selbst, ohne Inhalt, hat schon tausend Mark gekostet. Oft auch übertragen: »Sui isch blutt dahergho«, das kann heißen: im Evaskostüm, es kann aber auch gemeint sein: sie kam fast nackt, kam zu leicht bekleidet. »Blutt« hört man manchmal auch um die Tage vor dem Letzten des Monats: »I ben völlich blutt!« bezieht sich auf die gähnende Leere des Geldbeutels. Doppelt gemoppelt ist die gebräuchliche Verbindung »blutt on bloß«.

Brendelich. Angebrannt, angesengt. – »S schmeckt so brendelich«, es riecht, als ob irgendwo ein Brand ausgebrochen wäre.

Bschnodda. Knapp bemessen. – »Des isch aber a arg bschnoddas Röckle«, dieser Rock (oder: diese Herrenjacke) ist zu knapp zugeschnitten. »A bschnoddaner Ma« ist ein bhäber, knickriger, oft auch ein mit Worten geiziger Mann.

Dabbich, dabbet nennt man jemanden, der unpraktisch und linkisch ist. Wo er hin-»dabbd« (hintritt, hingreift), geht etwas zu Bruch. Der ist dann ein »dabbicher Denger«, ein Tolpatsch, ein Elefant im Porzellanladen. Aber es gibt auch ein »dappichs Gmüt« – das haben Herren, die gern junge Mädchen tätscheln. – Es gibt auch dabbelich, däbbelich = verzagt, unbeholfen, langsam.

Dalget, doigich. Weich, breiig. – Die beiden Worte bedeuten eigentlich: eine Konsistenz wie Talg beziehungsweise wie Teig. Wenn Birnen weich werden, nennt man sie dalget oder doigich. Dalget ist aber auch eine menschliche Eigenschaft: kraftlos, weichlich. – Das Tätigkeitswort dalga, meist in der Zusammensetzung »romdalga« oder »omananderdalga« gebraucht, bedeutet: etwas Weiches drücken oder etwas drücken, bis es weich wird; mit einem Gegenstand nervöse Handbewegungen ausführen. »Wann de des Riabele no länger in de Händ omananderdalgsch, kosch s selber essa«, wenn du das Brotendstück noch länger in deinen Händen knetest, mußt du es selbst essen – worauf der »Dalger« vermutlich hinauswill, denn es handelt sich dabei um einen Leckerbissen.

Dapfer. Dapfer heißt im Schwabenland nicht nur tapfer, sondern wird ebensooft für schnell oder rasch genommen. Gerne wird auch hier die Verkleinerungsform angewandt: »Mach dapferle!«, beeile dich! – Im Ersten Weltkrieg gab es unter den Ulmer Militärs ein hohes Tier, dessen stehendes Wort »dapfer, dapfer, dapfer« war. Deshalb hatte er bald seinen Spitznamen weg: General Dapferle.

Daub. Taub, aber nicht nur gehörlos. – Die Schwaben sagen vor allem dann daub, wenn sie blöde, albern, dumm, doof, begriffsstutzig meinen. »Dui daube Nuß, dui daube«, diese hohle Nuß, schimpft man über ein dümmliches Frauenzimmer.

Degamäßich. Manierlich, sauber, richtig, zahm, bescheiden, unterwürfig. – »Er hat sich ganz degamäßich verhalta«, er gab sich lammfromm.

Donderschlächdich. Sehr, stark. – Dieses Wort haben die Schwaben gern, denn es paßt überall zur kräftigen Untermalung, zur Hervorhebung einer Sache. So etwa: »I han mi donderschlächdich gärgert!« – »Der hot a donderschlächdichs Loch en dr Hos!« – »Der hot donderschlächdich dr Ranza vollkriegt!« Wörtlich heißt es: in der Art eines Donnerschlags. Statt donderschlächdich hört man auch dondermäßich.

Durmelich. Schwindlig, taumelig. – Der Schwabe sagt, es sei ihm durmelich, wenn er ein wenig kreislaufgestört ist. Durmelich kann es einem Kind sein, das zu lange geschaukelt hat, durmelich kann aber auch einer vom Stammtisch nach Hause wanken.

Ehrakäsich. Ruhmsüchtig, auf die eigene Ehre bedacht. – Der ehrakäsiche Mensch ist ständig darauf bedacht, auch noch den kleinsten Anspruch auf Anerkennung für sich einzustecken. Er trägt seine Ruhm- und Ehrsucht so offen zur Schau, daß man sie fast riechen kann. Daher die Verbindung mit Käse, der ja auch weithin ... stinkt.

Fuchtelich. Unbesonnen, rasch und flatterhaft. – »So a fuchtelichs kloes Deng«, so ein nervös-flatterhaftes Mädchen, eine aufgeregte Mücke.

Fuchtich. Im Zorn oder ärgerlich schnell hin- und herfahrend, aufgeregt. – Wenn eine Hausfrau beim Kochen gestört wird, reagiert sie manchmal fuchtich.

Gäb, gäbsch, gäbig. Zwischen sonderbar und unverständlich; verkehrt, linkisch, schief. – August Lämmle hat – natürlich völlig zu Unrecht – mit diesem Wort den Schwaben und seine Sprache charakterisiert. »Der stoht uf dr gäbige Seit«, er steht auf der merkwürdig verkehrten Seite. »Deschd a gäbscher Weg«, der Weg verläuft schief.

Gaudich. Lustig, spaßig, vergnügt. – Das Hauptwort, die Gaude, ist verwandt mit der nachbarlich-bairischen Gaudi.

Gemmelich. Das Wort hat zwei Bedeutungen. Einmal benützt man es für ungeduldig im allgemeinen, zum andern für das Ungeduldigsein in erotischer Hinsicht. Die zweite Version ist in der Stadt kaum, dafür aber in der bäuerlichen Welt um so mehr gebräuchlich.

Glatt. Glatt ist auch in Schwaben die Fläche einer polierten Tischplatte, das Glatteis auf der Straße, ein feuchter Marmorboden. Glatt ist aber ebenso eine Unterhaltung, ein Buch, ein Mensch in seinem Wesen, und hier steht glatt für witzig, humorvoll, originell. Und in dritter Bedeutung steht glatt für reibungslos, einfach. Wenn eine Unternehmung gut ausgeht, wenn ein Gespräch ohne Schwierigkeiten verläuft, ist es »glatt ganga«.

Gotzich, gottich. Einzig. – »Oe gotzichs Kend hod bei dera Feier no Angschd vor am Belzmärde ghed«, nur ein einziges Kind hatte bei der Adventsfeier Angst vor dem Pelzmartin, einem Artverwandten des Nikolaus. »Der stoht do a wie der Gottiche«, er steht ganz verlassen da.

Grandich. Bös, erzürnt, wütend, mürrisch. – »I ben grandich; lasset me en Rua«, ich habe eine Wut, laßt mich in Ruhe. »Des isch aber au zu grandich« heißt: es ist zu arg. »Dr Schuldes macht sich grandich« bedeutet: der Bürgermeister legt sich quer. – Eine abgeschwächte Form ist »grandelich«; es heißt soviel wie reizbar, über dies und das murrend.

Großkopfet. Zu den »großen Tieren« gehörend, aber auch: aufgeblasen. – »Der hot a großkopfets Gehabe«, er benimmt sich arrogant. »Der hot de Geiz wie andere Großkopfete«, er hat von den Reichen sparen gelernt.

Gschbäßich ist so ziemlich das Gegenteil von spaßig. – Gbschäßich nennt man einen Menschen, der durchaus keinen Spaß versteht, der alles zu ernst, zu wörtlich nimmt, überempfindlich reagiert und immer gleich beleidigt ist.

Gschdombich. Stumpf, kurz, klein, untersetzt. – Weitere Formen sind: gstumpet, stompig, stumpfig. »Des war e Männle, kurz und stompig«, das war ein kleiner, untersetzter Mann. »Der hört net guet, der hot gschdombiche Zäh«, sagt man im Spaß: Er hört schlecht, weil er nur noch über Zahnstümpfe verfügt.

Gschmack. Angenehm, schön. – »Deschd a gschmacks Mensch«, sagt man auf der Ostalb: das ist ein hübsches Mädchen. »S Weddr isch ogschmäcker wia geschdern«, das Wetter ist weniger schön als gestern.

Gschnäddrich. Mager, blaß, kraftlos, schmächtig. – Das Wort kommt auch in den Formen gschnädderig, gschnädderet, schnedderich, gschnazt und gschnatzelt vor. »Du bisch so a gschnäddricher Bua.« – »A Gschnäder« ist entsprechend ein hohlwangiger, saft- und kraftloser Mensch.

Gschniegelt. Fein angezogen, geputzt, sauber. – »Er isch gschniegelt und gstriegelt«, er ist geschniegelt und gebügelt. Dieselbe Bedeutung hat »schnecklet« (= schneckenförmig): alles tadellos nach der Form.

Gschuckt. Überspannt, übertrieben, ein bißchen verrückt. – Gschuckt heißt wörtlich: gestoßen. Wie »verrückt« ist es aus einem Verb gebildet, das im übertragenen Sinn »aus dem Gleichgewicht gekommen« meint. »Gschuckt« kann etwa eine Frau mittleren Alters sein, die sich betont jugendlich, grell, bunt, in Form und Farbe supermodern oder disharmonisch kleidet und sich auch entsprechend benimmt.

Gschwolla. Großtuerisch, übertrieben. – »Dua bloß net so gschwolla«, gib nicht so an. »Ma hält oft oin für fett, on derbei isch er bloß gschwolla«, es ist nicht alles Gold, was glänzt. »Des isch a Gschwollener«, er ist faul und langsam. »Der gibts gschwolla«, er lebt über seine Verhältnisse.

Gudich, guatlig. Hurtig, schnell, stark, heftig. – »Der schwätzt gudich«, er redet so schnell, daß man ihn nicht versteht. »Gudich gloffa isch halb gschbronga«, wörtlich: schnell gegangen ist halb gerannt, eine Redensart mit einer ganzen Palette von Anwendungsmöglichkeiten und Bedeutungen. »Er isch gudich wieder gsund worda«, er genas schnell. »Des isch guatlig ganga«, es ging schnell.

Hählenga. Heimlich, leise, ein wenig auf Schleich- und Umwegen. – Das Wort kommt von hehlen, das ja auch hintenherum und unbemerkt geschehen muß, und ihm haftet noch immer ein ganz leichtes Gschmäckle von Illegalität an. »Des isch a hählengs Komma und Geha gwäsa«, es war ein Kommen und Gehen im Verborgenen. »Des isch a ganz Hählenger«, er treibt's hinter dem Rücken der anderen. »Hählenga reich« war die ärmlich lebende Dame, nach deren Ableben man feststellte, daß sie mehrfache Millionärin war – nur hat keiner was davon gewußt und sie nichts davon gehabt. »Was hent ihr fir en Hähleng mitenander?« fragt man zwei, die geheimnisvoll miteinander tuscheln.

Halbläbich. Halblebendig. – So nennt man jemanden, der kein Leben, kein Temperament zeigt. Diese Bezeichnung wird oft auf junge Leute angewandt, die in der Arbeit außerordentlich langsam oder gleichgültig sind. Da hört man dann den Schwaben »narret« sagen: »So ein halbläbicher Denger« oder: »So eine halbläbiche Denge.« Aber auch Dinge und Sachverhalte können »halblebendig« sein: »Deschd a halbläbiche Sach« heißt: die Angelegenheit hat weder Hand noch Fuß.

Hee. Hin, kaputt, tot, erledigt. – »I ben hee!« sagt der Schwabe, wenn er müde ist. »Dui isch hee!« kann man hören, wenn etwa eine Katze tot im Straßengraben liegt oder wenn man eine Mücke totgeschlagen hat. Ein alter Ausspruch: »I ben hee wie s Kächeles Katz!« (Ich bin kaputt, müde wie die Katze der Kächeles.) Kächele ist ein alter schwäbischer Familienname. – Auch die Form »hii« statt »hee« ist gebräuchlich.

Heidamäßich. Ungewöhnlich viel. – A heidamäßichs Geld = Sündengeld. Als Adverb und als Adjektiv kommt das Wort einer Steigerung gleich wie »donderschlächtich« oder »millionisch« (siehe dort). »Des koscht a heidamäßichs Geld«, es ist sehr teuer, kommt teuer zu stehen. »Descht a heidamäßichs Gschäft«, es handelt sich um eine große Arbeit. »Heid ischd er heidamäßich brav«, heute ist er außergewöhnlich brav. »Heida-« erscheint auch als verstärkende Vorsilbe von Hauptwörtern: Heidaarbeit, Heidagschäft (gewaltige Anstrengung), Heidakerle (großer, starker, toller Kerl), Heidaspaß. Ein milder Fluch lautet: »Heidawetter aber au!«

»Heida-« kommt von »Heide«, und zwar weder von der Heidelandschaft noch von dem weiblichen Vornamen, sondern von dem Ausdruck für einen Nichtchristen. Sehr viel öfter als mit »Heida-« wird ein Fluch oder die Verstärkung eines Wortes (die fast so etwas wie ein Fluch ist) mit einem religiösen Kernwort gebildet: »Himmelherrgottsakrament!« entweicht es dem Schwaben, wenn er sich beim Nägeleinschlagen zum zweitenmal auf den Daumen gehauen hat, »o du liaber Heiland«, ach du Schreck!, stöhnt er, wenn unangemeldet Besuch kommt, »a Jesasgschäft«, ein Jesusgeschäft, ist eine anstrengende Arbeit, »a Deifelskerle«, ein Teufelskerl, deutet Respekt für einen Draufgänger an, »a kreizliederlichs Glomp« ist eine Apparatur, die so miserabel gefertigt ist, daß sie bei der ersten Benützung auseinanderfällt, und wenn eine Darbietung, ein Film, ein Buch nicht nur »glatt« ist, also lustig, dann ist sie, er oder es »gottesglatt«. – Der bewußte Bruch des dritten Gebotes, der als Tabuverletzung einen vorhandenen Aggressionsstau entlädt und damit dem Fluch Wirkung verschafft, mag manchem Frommen zu weit gegangen sein und ihm über lange Zeit ein schlechtes Gewissen verursacht haben. (Protestanten haben ja nicht die Möglichkeit, sich nach der Beichte Absolution erteilen zu lassen.) Nun war und ist es aber nicht immer möglich, völlig aufs Fluchen zu verzichten. Irgendein knitzer, gottesfürchtiger Schwabe, womöglich ein Pfarrer, mag deshalb auf die Idee gekommen sein, die Heiden als Mittel des Fluches zu benützen. Dagegen konnten nun wirklich weder der Herrgott noch die Kirche etwas haben.

Hepfelich. Aufgeregt, nervös, bebend. – »Hopfa« heißt im Schwäbischen springen (während »springa« laufen und »laufa« gehen bedeutet). Wer innerlich so gespannt und nervös ist, daß er sich am liebsten durch Hüpfen, Hopfa oder andere Bewegungen Luft verschaffen würde, ist hepfelich. Während Kinder vor Erwartung hepfelich sind, zum Beispiel vor Weihnachten, sind es Erwachsene meist dann, wenn sich Zorn aufstaut.

Herzich. Der Schwabe sagt gern »herzich«, wenn es sich um etwas Kleines, Zartes handelt; auch um etwas Liebes. A herzigs bißle = ein ganz klein wenig. A herzigs Mädle = ein liebenswertes Mädchen.

Hoalich. Heimelig, gemütlich, wohlig. – Dieses Wort kommt zweifellos von Heim (Hoam), daheim. Ist es irgendwo gemütlich, so fühlt man sich wie daheim, alles ist heimelig, wohlig und gemütlich, also richtig hoalich.

Hopfaleicht. Besonders leicht, spielend zu bewältigen. – So kann eine Aufgabe oder ein Gegenstand hopfaleicht sein. Scheinheilige sind nach einem Spruch »heilig und ungweiht, stinkend und hopfaleicht«. – Das Wort hat nichts mit dem Hopfen zu tun, den man zum Bierbrauen benötigt, sondern kommt von »hopfa« = hüpfen, Sprünge machen.

Hundsmiserabel. Ganz elend. – Zu einer Zeit, als es in Schwaben noch keine Schoßhündchen gab, war der Hund ein wichtiges, aber dennoch gering geachtetes Haustier. Als Vorsilbe wird »hunds-« deshalb meist zur Verstärkung von Begriffen verwendet, die einen schlechten Zustand charakterisieren: hundsliederlich, hundsrackermüd (zum Umfallen müde), hundsnaß, hundsnotig (ganz arm), hundsgemein, hundskalt.

Kätschich. Weich, unfertig, speckig. – Ein Kuchen beispielsweise, der nicht recht durchgebacken ist, kann kätschig sein, aber auch ein Weißbrot, das aus mehrLuft als Brot besteht.

Knicket. Geizig, knauserig. – Man sagt auch knickerich, knickich oder knickisch. »Der ist so knicket, daß er lebendig stirbt.« Aus Schillers »Fiesko«: »Sag deinem Herrn, er sei ein knickiger Mörder!«

Knitz bezeichnet einen schlemischen oder verschmitzten Gesichtsausdruck, aber auch das ganze Verhalten eines liebenswürdig-pfiffigen Menschen. »Knitzer Schtrick« ist ein Schimpfwort, in dem Anerkennung für die Durchtriebenheit des Beschimpften mitschwingt. »Knitz« kommt von »keinnützig«, nichtsnutzig, und wurde früher tatsächlich in diesem

Sinne verwendet: Knitze Kartoffla waren beispielsweise verschimmelte oder verfaulte Kartoffeln.

Kreizliaderlich. Besonders miserabel, elend oder ganz liederlich. – »Kreiz-«, Kreuz-, ist eines der religiösen Attribute, mit denen der Schwabe ohnehin schon Negatives zusätzlich abwertet (siehe »heidamäßich« und »hundsmiserabel«). Jemandem, der kreizdumm, kreizlahm, kreizlendalahm, kreizerbärmlich, kreizgeizig oder kreizmäßich bled (kreuzmäßig blöde) gescholten wird, ist unter Garantie nicht mehr zu helfen. Wenn ein sadistischer Vater seinen Sohn »kreizlederwoech« (noch weicher als Leder) drischt, kann dieser, wenn er es überlebt, jedenfalls einige Tage nicht recht sitzen. Nur in wenigen Ausnahmen verstärkt »kreiz-« auch Positives: »a kreizbraver Ma« ist ein unbescholtener Mann, der die Tugenden fast zu sehr liebt und keiner Fliege was zuleide tun kann. Und wer kreizfidel ist, dessen Laune ist so gut, daß es andere kaum aushalten.

Krompelich. Zerknittert, schlecht gebügelt. – Dazu kennt das Schwäbische auch das Verb »verkrompla« = knittern, knüllen. Das Partizip »verkrompelt« bedeutet auch: schrumpelig, faltig, runzelig.

Krottabroit. Wenn man an die breite Form der Kröte denkt, versteht jeder den Sinn des Umstandswortes. Man kann krottabroit dastehen oder dasitzen und so den anderen den Platz wegnehmen. Es gibt aber auch Schwaben, die krottabroit sprechen, das heißt, die aus dem an sich schon breiten (broiten) Schwäbisch ein krottabroites machen. In gewissen Filder-, Alb- und Schwarzwaldgegenden hört man anstelle von »breit« und »broit« ein »broat« = breit. »Krotta-« wird auch in Kombination mit anderen Adjektiven zur Verstärkung verwendet. Wenn eine Berechnung »krottafalsch« ist, dann liegt der Fehler nicht erst im Ergebnis, sondern schon im Ansatz. »Krottawiascht« oder »krottahäßlich« ist ein Bub, der eher dem Froschkönig als dem Märchenprinzen ähnelt.

Läbberich. Dünn, verwässert, schwach. – Das bezieht sich nicht nur auf flüssige Speisen wie Suppen und Saucen oder Getränke wie Kaffee, sondern auch auf ein nichtssagendes Gespräch. Da heißt es dann: »Des isch amol a läbbrichs Gschwätz gwä!« Auf Neudeutsch: Smalltalk. Siehe auch »läbbera«.

Lätz. Schlecht, schlimm, unrichtig, übel, schwach, elend. – »Des isch aber lätz ganga« heißt: Das ist aber daneben, schlecht, schief ausgegangen. »Do bisch lätz dra«, hier irrst du dich. »Mit dem stohts lätz«, es ist zu erwarten, daß er stirbt. »Mir isch ganz lätz«, mir ist elend, ich muß mich übergeben. »Deschd a lätzer Peter«, er ist ein schlimmer, übler Mensch (mit dem leisen Unterton des Bedauerns).

Lahmelich. Schlapp, lahm. – Wer sich langsam vorwärts bewegt, wer schwerfällig ist im Denken und Handeln, den heißt man lahmelich.

Lolich (mit nasaliertem o). Bedeutet dasselbe wie lahmelich (siehe dieses). – Einen lolichen Menschen nennt man »Lole« (ebenfalls mit nasaliertem o). Fragt ein »Reigschmeckter« einen Schwaben, was unter einem »Lole« zu verstehen sei, so kann es ihm passieren, daß er zur Antwort erhält: »Ha – an Lällebäbbel«, ein fauler, vertrottelter, langsamer Mensch (vergleiche dieses Stichwort im Kapitel über den Leib und Leibesschäden, Seite 108).

Lommalich. Weich und ohne Halt. – Eine schlecht gestärkte Schwesternhaube etwa ist lommalich; Blumen, die die Köpfe hängen, sind lommalich – einfach alles, was müde und matt ist. Und einen, der einen schläfrigen Eindruck macht, bezeichnet man als ein »lommalichs Mannsbild«.

Luck. Lose, locker, leicht, aber auch: schwach. – »Net luck lassa« ist ein altbekannter Ausspruch und bedeutet: nicht locker lassen, nicht nachgeben. Wenn ein Schultes (Bürgermeister), ein Chef oder ein Lehrer »luck« ist, dann mangelt es ihm an Autorität.

Maßleidich. Mürrisch, übelgelaunt, überdrüssig, mißmutig. – »Der ist so maßleidich«, ihm ist alles entleidet. »Sei net immer so maßleidich«, schilt man Kinder, die immer misepeterig sind. »Maßleidich« kommt von dem Hauptwort »Maßleid«, das den Abscheu gegen eine Speise nach deren Übergenuß bezeichnet.

Meschugge. Verrückt, übergeschnappt, irrsinnig, halb närrisch, dumm. – Das Wort ist aus dem Jiddischen übernommen (hebräisch: meschugga).

Millionisch. Wird verstärkend gebraucht: »a millionischs Feuer«, »a millionische Kälte«. »Der hat millionisch lüga könna«.

Mögelich. Liebenswert. – »A mögelichs Mädle« ist ein Mädchen, das des Gernhabens, des Mögens wert ist.

Monkelesbraun. Das ist ein ganz bestimmtes verwaschenes Braun. Am besten läßt sich die Farbe durch einen vielgebrauchten Vergleich erklären: »monkelesbraun wie a Hirschfiedle« (Hinterteil eines Hirschs). »Monkla« heißt munkeln, geheimnisvoll tuscheln, heimlich über jemanden reden: »Im Donkla isch guat monkla.« Monkelesbraun ist die Farbe der Unauffälligkeit, eine Tarnfarbe.

Mordsmäßich. Steigert das Hauptwort, gibt ihm besonderen Nachdruck. »A mordsmäßicher Kerle«, sagen etwa die Kameraden von ihrem Anführer. »Er isch a mordsmäßicher Lausbua«, sagen – vielleicht – die Erwachsenen vom gleichen Jungen, wenn er mordsmäßig rumkrakeelt und keineswegs mordsmäßig brav ist. »Mordsmäßich« bedeutet dasselbe wie »millionisch« und »heidamäßich« (siehe dort). Auch »Mords-« wird in Zusammensetzungen verstärkend verwendet: »Descht a Mordssach gwä, wie se rauskriegt hen, daß ihr Mordskerle mordsmäßich glaud hot«, als sie herausfanden, daß ihr vermeintlich so pfiffiger Sohn Kleptomane war, gab es großen Ärger.

Narret. Ärgerlich, wütend. – »Heit isch r narret, heit ka ma nix mit m han«, sagt eine Frau von ihrem Mann, wenn er schlecht aufgelegt ist.

Nuschber. Knusprig, frisch. – Oft in bezug auf Mädchen gebraucht: »Desch a nuschbers Mädle«, sie ist ein junges, liebliches Mädchen, sie ist zum Anbeißen. »Du bisch doch nemme ganz nuschber!« bedeutet soviel wie: »Du bisch nemme ganz bacha«, »Du bisch ned recht bei Troscht«, du spinnst wohl ein bißchen.

Oagnehm (mit nasaliertem a). Unangenehm. – Ein fast französisch klingendes Wort, das von Nichtschwaben nie ganz richtig ausgesprochen wird und deshalb – wie »chuchichaschdli« im Schweizerdeutschen – als Prüfstein für die Beherrschung der Mundart Verwendung findet.

Obacha. Ungebacken, unfertig. – Man sagt es auch von unreifen Menschen oder von solchen, die nicht alle fünf Sinne beisammen haben. Das Wort kann aber auch verstärken; etwas kann obacha gut, schlecht, schön, häßlich oder laut sein. (Vergleiche auch das Verb »bacha«.)

Ogschickt. Ungeschickt, unpraktisch, nicht handfertig. – Der Schwabe bringt das Wort aber auch vielfach so an: »Heut isch mr a Bsuch arg ogschickt«, heute paßt mir ein Besuch gar nicht.

Ogschlacht. Ungeschlacht. – Kann sowohl auf Menschen als auch auf Dinge angewandt werden. »A ogschlachter Mensch« ist robust, grob, rücksichtslos und unverschämt. »A ogschlachts Deng« nennt man alles, was in Form und Maß nicht normal, nicht recht proportioniert, nicht dem bürgerlichen oder spießbürgerlichen Geschmack angepaßt ist. Das Gegenteil ist »gschlacht«: glatt, weich, zart, freundlich. Spargeln oder ein Kalbsbraten sollen gschlacht sein. Das Wort leitet sich von dem gleichbedeutenden mittelhochdeutschen Wort »geslaht« ab, das im Hochdeutschen nur noch in »ungeschlacht« weiterlebt.

Oizecht. Einsam, allein, verlassen. – »Was fangsch mit ma oizechta Schuh a, wann de zwoe Fiaß hosch?«, was soll man mit einem einzelnen Schuh, wenn man zwei Füße hat? – »A Oizechter« ist ein Einzelgänger. »Was macht dei Oizechte?« kann aber auch ein Schwabe den anderen fragen. Dann meint er allerdings die Braut oder die Ehefrau, die gerade nicht dabei ist.

Räs. Sauer, scharf. – Ein neuer Wein oder Most ist räs, wenn er das Stadium der Süße überwunden hat. Ein neuer »Räser« schmeckt zusammen mit warmem Zwiebelkuchen besonders gut. »A räser Semsagräbsler« ist ein so trockener Wein, daß man nach seinem Genuß die Strümpfe nicht mehr stopfen muß, denn sie ziehen sich von selbst zusammen. (»Semsagräbsler« bedeutet eigentlich, daß der Wein am Haus wächst und sich von Fenstersims zu Fenstersims windet.) »A räser Kerle« ist ein ungehobelter, kratziger, unfreundlicher Mann.

Raubelich. Rauh. – Eine Feile, Hände, ein Weg, aber auch das Wesen eines Menschen können raubelich sein.

Reigschmeckt. Was »reigschmeckt« und was »a Reigschmeckter« oder »a Reigschmeckte« ist, weiß jeder Nichtschwabe, der im Schwabenländle wohnt. Es ist nicht leicht, ein Reigschmeckter zu sein, ein (immerhin deutschsprachiger) Fremder, einer vom »groß a Vadderland« womöglich (also von außerhalb Schwabens), denn beim Schwaben ist zunächst alles fremd und mit

A räser Semsagräbsler

Vorsicht zu genießen, was von anderswo kommt, und Schwaben können sehr nachtragend sein. »Der B. do, isch des eigentlich au a Degerlocher?« fragt ein Degerlocher den anderen auf der Straße. »Noe«, lautet die Antwort, »dia sen em Dreißgjähriga Krieg vom Remsdal herzoga«: Nein, seine Familie ist während des Dreißigjährigen Krieges, also vor immerhin 350 Jahren, aus dem zwanzig Kilometer entfernten Remstal zugezogen. Das Hereinschmeken könnte geradeso »Hereinriechen« heißen, denn bei den Einheimischen gilt schmecken und riechen gleichviel, obwohl sie, wenn es darauf ankommt, beides sehr gut auseinanderhalten können. – Zugezogene aus dem fremdsprachigen Ausland sind, vor allem auf dem Land, nicht bloß »Reigschmeckte«, sondern »Neger« – gleich, welche Hautfarbe sie haben.

Mit den Reigschmeckten und den Schwaben könnte es noch viel besser klappen, wenn die einen ihren Schwabenstolz öfter mal begraben und die anderen sich ihre manchmal herablassende Art – und wenn es nur um den Dialekt geht – verkneifen würden. »Lasset anander doch a bißle meh anekomma«, nehmt einander doch so an, wie ihr eben seid.

Reng. Der Schwabe hat aus purer Faulheit aus »gering« ein »reng« gemacht.

Schäbs. Schief, verkehrt, krumm. – »Der guckt amol schäbs«, er blickt schief drein. »I lach me schäbs«, ich lache mich krumm. Siehe auch »gäb«, »schäg« und »scheel«.

Schäg. Schief, schräg, krumm. – Es gibt zum Beispiel »schäge Absätz« an den Schuhen. Siehe auch »schäbs« und »scheel«.

Schaffig ist einer, der sein Geschäft flott umtreibt und fleißig arbeitet. »Des isch a schaffiger Ma«, das ist ein arbeitsamer Mann.

Schandlich kommt von Schande. – »Ebber schandlich do« heißt soviel wie: jemandem offen ins Gesicht die Wahrheit über seine Schandtaten sagen.

Scheel. Schief, schräg, krumm. – Wenn einen jemand ausgesprochen scheel ansieht, so ist das schon beinahe heimtückisch oder bösartig. Siehe auch »schäbs« und »schäg«.

Schmergelich. Ranzig, schmierig. – Alte Butter, altes Fett schmergelt, es schmeckt schmergelich. Davon abgeleitet ist auch Schubarts Schimpfwort auf die Reichsgräfin Franziska von Hohenheim: »Schmergalina«. Wie sollte die wohl gerochen haben?

Siedich. Heiß, siedend, kochend; zornig, aufgebracht. – »A siedichs Donnerwetter« von einem schwäbischen Chef zu bekommen ist schlimmer als eine Standpauke oder eine »Zigarre«. »No isch mr siedich hoeß eigfalle, i hätt ja zu dera Prüfung solla«, erzählt der Bub über einen Tag, an dem er blau gemacht hat: ich erschrak, als mir plötzlich einfiel, daß ich mich zur Prüfung hätte einfinden sollen. »Dr Siediche« ist der Schweiß; »dr siedich Hoeße« der Tee. »Dr Siediche« kann aber auch der Teufel sein.

Sirmelich. Benommen, schwindlig. – »Sirmelich« hängt mit dem Verb »sirmla«, »romsirmla« zusammen, taumeln, benommen sein. »Do sirmlet hondert Mugga rom«, ist man an manchem Herbstabend veranlaßt zu sagen, hundert Fliegen und Mücken tänzeln in unangenehmer Weise durch die Luft.

Stärch. Starr, steif, eigensinnig, störrisch. – »Stärch« kann vieles sein: ein hartes Stück Brot, schlecht gelagertes Leder, ein viel zu sehr gestärktes Hemd. Dennoch leitet sich das Wort nicht von »Stärke« (und schon gar nicht von Hemdenstärke) ab, sondern vom griechischen »sterrós« = starr, fest. »Der isch aber stärch«, sagt der Schwabe von einem, der unnachgiebig und hartnäkig ist.

Überzwerch. Verkehrt, verdreht, verquer, umgekehrt. – Ein überzwerches Stück Rindfleisch ist ein Rippenstück; es ist quer zum Tier geschnitten. »Die hot de Teufel überzwerch im Leib«, sie ist in verquerer Weise besessen. »D Nas de lange Weg und s Maul überzwerch« ist mit einer völlig verdrehten Situation, einer restlos verkorksten Lage gleichzusetzen. »Sowas kommt mir überzwerch«, es kommt unpassend. Will man den »Schwäbischen Gruß« noch verstärken, so setzt man ihm ein »... aber kreuzweis und überzwerch!« hinterher.

Verdaddert. Bestürzt, erschreckt, verstört, eingeschüchtert, verlegen; halb erfroren; seine Schuld durch Worte und Gebärden verratend. – Das Verb »daddera« bedeutet: zittern. »Sei bloß net so verdaddert«, gib dich nicht so erschroken. »Der sieht aus wie a verdadderts Hühnle«, er macht einen verstörten Eindruck.

Verdruckt. Zerdrückt, verschlossen, unheimlich, etwas verheimlichend. – »I sei verdruckt, hot dui Reigschmeckte gmoent«, ich sei ein verschlossener Mensch, auch im wörtlichen Sinn: einer, der beim Sprechen den Mund nicht öffnet, hat die Fremde kritisiert. »Verdruckt« kann auch einer sein, der die Wahrheit kennt, sie aber nicht sagen will.

Verloffa, vertloffa. Davongegangen, verlaufen, verirrt, in die Breite gegangen. – »Dr Hensl on d Gredl hen sich em Wald verloffa«, Hänsel und Gretel verirrten sich im Wald. »Meine Esla sen heuer verloffa«, das S-förmige Spritzgebäck meiner Weihnachtsplätzchen ist in diesem Jahr in die Breite gegangen.

Verschnorkelt, verschrumpelt. Vertrocknet, eingeschrumpft. – Beides sagt man von Obst (Äpfeln, Birnen, Zwetschgen), aber auch heiter-liebevoll von einem Greisengesicht. Siehe auch »krompelich«.

Wuselich. Flink, hyperaktiv, lebhaft, beweglich, rührig. – Das Zeitwort »wusla« bedeutet: durcheinanderwimmeln. In einem Ameisenhaufen »wuselt« es. Einen ameisenartig betriebsamen Menschen, der immer in Bewegung ist, kann man »wuselich« nennen.

Vom Tun und Erleiden – das schwäbische Verbum

Mit einem Hauptwort allein – *der Hund* – läßt sich wenig aussagen. Fügt man Eigenschaftsworte hinzu, wird die Vorstellung schon plastischer: *der kleine, liebe Hund.* Aber erst ein Zeitwort (Verbum) bestimmt genau, was etwa eine Person tut oder was mit einer Sache getan wird, in welchem Zustand wir sie antreffen, was hier oder dort an Wichtigem geschieht. Wenn wir durch ein Hauptwort eine allgemeine Vorstellung, ein oft recht farbloses Bild von etwas erhalten, dann macht ein hinzugefügtes Zeitwort dieses Bild erst lebendig: *Der kleine, liebe Hund beißt.* Das Zeitwort in einem Satz fängt geradezu das Leben ein; hält jede Bewegung und jeden Zustand in einmaliger Weise fest. Umstandswörter, mit denen es sich verbinden und verbünden kann, vermögen es noch zu präzisieren: *Der kleine, liebe Hund beißt immer* – oder sogar: *Der kleine, liebe Hund beißt immer genußvoll tief.*

Die schwäbischen Verben vermitteln uns also einen Einblick in das, was schwäbisches Leben heißen könnte. Dabei ist auffällig, wie sehr die Mundart im Bodenständigen, Handgreiflichen wurzelt und wie tief sich die menschlichen Gemütskräfte ins praktische Leben hinein auswirken.

Was sich vollends durch Abwandlung eines einzelnen Zeitworts im Schwäbischen ausdrücken läßt, sozusagen eine Lebensphilosophie in der Kürze, das spiegelt beispielsweise ein Spruch aus Herrenberg-Kayh, der auch sonst im Schwabenland geläufig ist: »Haushalten! Aushalten! Maulhalten!«

Abändla (mit nasaliertem a am Wortanfang). Ein Liebesverhältnis anknüpfen. – »Du brauchsch net mit mir abändla«, mach mich nicht an. »Dr Bändel« heißt das Band, der Senkel. »Oen am Bändel nehma« bedeutet: über jemanden Gewalt gewinnen, »di han e am Bändel«, ich habe Gewalt über dich, »führ me ned am Bändel rum«, halte mich nicht zum Besten. »Der hot zwoi Küh an oem Bändel«, er genießt doppelten Vorteil. »Den hots am Bändel«, er ist in Verlegenheit.

Abepraisla. Die Gurgel hinunterrinnen. – Läßt man etwas besonders Gutes, Schmackhaftes, eine Süßspeise, ein Viertele oder ein feines Süpple abepraisla, genießt man es erst so richtig.

Afechta. Schwierigkeiten machen, Lust machen. – »S ficht me a«, es macht mir Schwierigkeiten. »Dia Schbätzla fechtat me a«, es gelüstet mich nach den Spätzle. »Was ficht de a?«, was ist über dich gekommen?

Ahaua. Anreden, anfragen, anhalten. – »Hasch da Vatter vo re aghaua?«, hast du bei ihrem Vater um ihre Hand angehalten? »Dr Karle hot mi um zea Mark aghaua«, Karl hat mich um zehn Mark angepumpt.

Aschugga. Schubsen, stoßen, schieben. – »Schugg me a«, bittet der kleine Max, wenn er auf dem Schlitten sitzt. Aber seine Eisenbahn oder ein anderes Spielzeug auf Rädern schuggt er selber an. »Schugg me a!« sagt man auch, wenn man keinen großen Arbeitsgeist hat.

Bacha. Backen. – Mit diesem Verb werden im Schwäbischen besonders viele Redensarten »gebachen«. »Wia ma bacht, schießt ma ein«, eins nach dem anderen, die Vorbereitung muß der eigentlichen Tätigkeit entsprechen (»eischießa« heißt: den zum Laib geformten Brotteig mittels einer Spezialschaufel in den Backofen einlegen). »Bacha isch net gsotta«, es darf nicht alles in einen Topf geworfen oder über einen Kamm geschert werden (wörtlich: gebacken ist nicht gekocht). »Verwache, so bache; verwache ned, so bache ned«, wie es kommt, so kommt es (wörtlich: wache ich auf, dann backe ich, wache ich nicht auf, dann backe ich nicht). »Wann em Wald Nebeldämpf aufschdeiged, bachet d'Hasa«, es gibt Regenwetter. »Oem oene bacha« bedeutet: ihm eine Ohrfeige versetzen. »Du bisch ja ned recht bacha«, du bist nicht ganz bei Trost, bist etwas verrückt.

Bäha. Man »bäht« etwas in der Wärme (Ofen- oder Bettwärme), und es geht auseinander. Das Bäha läßt sich in bezug auf Wäsche mit dem Dämpfen vergleichen, ist aber ohne Feuchtigkeit. Einen Stock bäht man, erwärmt ihn leicht; indem man die Holzfeuchtigkeit verdunsten läßt, gewinnt er größere Festigkeit. Ein »Bähmulle«, wörtlich: eine sich wärmende Katze, ist ein verweichlichter, feiger, langweiliger Mensch.

Bäppa. Kleben. – Nicht nur zwei Blatt Papier bäppet zusammen, auch das Hemd bäppt auf der Brust oder das Haar auf dem Kopf (siehe auch »Bäpp«).

Balla. Ball spielen, zur Kugel formen. – »Komm, mir den balla«, lockt das Mädchen seine Freundin auf die Straße: Komm, wir spielen Ball (wörtlich: wir tun Ball spielen). Als Hauptwort hingegen bezeichnet »Balla« (mit offenem, langem a) einen Dummkopf.

Batta. Den Bedarf decken, reichlich sein. – »Batta« wird fast immer in Verbindung mit einem neutralen »es« verwendet. »Des hot battet« sagt soviel wie: das hat hingehauen, oder: das sitzt, oder: das ist in Ordnung. – Ein Geschäftsmann macht abends Kasse; ist die Einnahme gut, so hat es gebattet. Oder: Der Vater legt seinen Filius übers Knie, und hernach denkt er: So, des hot battet. Oder: Ein Autounfall mit viel Blechschaden ... auch da hat es gebattet.

Beiga. Aufschichten, stapeln. – Holz, Wäsche oder Bücher beigt man. Dabei entsteht eine ordentliche oder unordentliche Beig, Beige, Beiget, Beigete oder ein Beiger. Das Wort hat nichts mit dem französischen »beige« zu tun, das es im Schwäbischen wie im Hochdeutschen gibt (dieses spricht man »beesch«).

Bizzla. Krabbeln, prickeln. – Kommt man von stechender Kälte in die Wärme, dann »bizzlat« die Finger. Sekt, Cola oder Sprudel (Mineralwasser) »bizzlat« auf der Zunge. Und wenn jemand seine Neugierde kaum mehr zügeln kann, dann »bizzelt's« ihn.

Bläsga. Blasen, stöhnen. – Wenn einer zu gleicher Zeit seufzt und kräftig durch den Mund atmet, also bläst, sagt man: »der bläsget«, der stöhnt. Dementsprechend nennt man ihn einen »Bläsger« oder »Blauser«. Ein »Bläsger« oder »Bläschger« kann auch nur der Seufzer sein – und »Blauser« der Wind.

Blotza. Fallen. – Ein lautmalerisches Wort. Man kann ein Ding oder aber auch einen Freund, sofern er es sich gefallen läßt, auf den Fußboden aufschlagen lassen. Zwei halten den dummen Dritten an Armen und Beinen hoch, um ihn dann langsam oder heftig mit dem Hinterteil auf den Fußboden zu setzen. Nachher sagen sie vielleicht schadenfroh: »So, den hen mr blotza lau!«

Bockela. Stinken. – Bekanntlich riecht es in einem Stall, in dem Geißen und Böcke sind, nicht nach Veilchen. Wenn jemand oder wenn es irgendwo schlecht riecht, so heißt es in einzelnen Gegenden: »Der bockelet« oder »s bockelet«.

Boggla. Klopfen, rumpeln. – In Schwaben sagt man nicht: »Klopfe mal an die Türe«, sondern: »Boggel amol an dr Tür.« Aber auch gepoltert wird nicht, sondern eben geboggelt: »Dr Döde isch d Trepp nuffboggelt, daß d heddsch glauba könna, s Haus falld ei«, der Patenonkel ist mit solchem Lärm die Treppe hinaufgestiegen, daß man hätte glauben können, das Haus stürze ein.

Bolla. Die Samenkapseln der Flachspflanze abstreifen und den reifen Samen gewinnen.

Borza, borzga. Sich unruhig hin- und herbewegen, quengeln, besonders bei Kindern. – »Borz net so!«, verhalte dich still. »Du bisch doch a Erzborzger!«, du bist ein besonders Unruhiger.

Bosga. Böses tun in eher harmlosem Sinn. – Hier ist die Bosheit, die man tut oder getan hat, in *einem* Wort zusammengezogen.

Wenn ein Kind mit einem sichtlich schlechten Gewissen umhergeht, fragt die Mutter: »Was hosch denn bosgat?«, was hast du denn angestellt? Oder wenn etwas zerbrochen am Boden liegt, fragt man: »Wer hot bloß dees bosgat?«, wer hat das nur getan?

Boßla. Basteln, tüfteln; Handlangerarbeit verrichten, eine kleine Arbeit tun. – Dazu: »Bosselarbeit« = Nebentätigkeit; »a Boßler« = ein Bastler, Tüftler, einer, der Bosselarbeit verrichtet; »Bosselbua« = Handlanger, Helfer.

Brazzla. Prasseln. – Feuer brazzelt; Hagel brazzelt aufs Dach, auf Autos oder die Straße; Kirschen, Zwetschgen und andere kleinere Obstsorten brazzlet vom Baum, wenn man diesen schüttelt und jenes reif ist; Schmalz brazzelt im Kächele, in der Pfanne. »Bratzlet voll«, randvoll, kann ein Obstkorb sein. »A Bratzler« ist ein kurzer, starker Regen.

Brenna. Brennen. – »Wo brennts?« fragt man spöttisch einen, der in Eile ist. »Feurio, dr Necker (der Neckar) brennt, holet Stroh und löschet gschwend!« war ein Nonsens-Vers, den früher Kinder gern gerufen haben. »S brennt in alle Gasse«, große Aufregung herrscht im Ort. »Dem brennt s im Kopf«, er ist närrisch. »Brennte Kender fürchtet s Feuer«, gebranntes Kind scheut das Feuer. »Weit vom Schuß brennt net«, der Brand – oder übertragen: das Ereignis – weit weg von hier, der interessiert nicht. »Do hasch di bös brennt«, da hast du dich kräftig geirrt, dir die Finger verbrannt. – Von »brenna« abgeleitet sind das Verb »brenzla«, angebrannt riechen oder schmecken, und das Adjektiv und Adverb »brenzlich«: »s schmeckt brenzlich«, es riecht angebrannt; »jetzt wirds brenzlich«, jetzt wird die Situation heikel, jetzt kann – im übertragenen Sinn – etwas anbrennen.

Brockla. Ein Stück Brot zerbröckeln. Alte Leute mit schlechten Zähnen brockeln ihr Brot in den Kaffee oder in eine »gschdandene Milch« (Sauermilch); das nennt man »eibrockla«.

Butza. Reinigen, säubern, putzen. – Mit »butza« gibt es einige Redensarten: »d Platte butza«, sich fortmachen, abhauen. »Der butzt d Nas, eh er schneuzt«, er ist übergenau und macht alles doppelt. »Gut butzt isch halb gfuttert«, die Arbeit, die gut vorbereitet ist, ist schon halb getan.

Das Butza selbst nimmt eine zentrale Stellung in den häuslichen Verrichtungen der Schwaben und Schwäbinnen ein, deren äußerlich sichtbarstes Merkmal die Kehrwoche ist. Ulrich Gohl hat dies in seinem Gedicht »Worom's oim nia langweilich wird« so beschrieben:
»Em Haus / kehra, fega, schäffla, rommacha, / Schdaub sauga, Fenschder butza, / schbiala, schrubba, bohnra, wischa, / Kiche naß ronderreiba, Bedder lifda, / Klo desinfiziera, Biacher on Lamba abschdauba, / Vorheng wäscha, Bluama giaßa, / Altglas nôrichda, Babierkorb leera, / schdreicha, pläddla, dabeziera, weißna, / Bilder uffhenga, Schlesser ela. // Oms Haus rom / kehra, fega, schäffla, rommacha, / Laub zammado, Kudderoimer ausschbritza, / felga, hägla, schora, rechla, / Komboschd vertoila, Rasamäher repariera, / Dreibla zobfa, Beem on Rosa schneida, / Zwiebel schdegga, Reddich dubfa, / Schdeggling setza, Schbadda butza, / säa, mäa, donga, robfa, / Schnee schibba, Audo boliera. // On was mr nô no älles vergessa hôt!«

Dachtla. Auf den Kopf schlagen, zurechtweisen. – Noch etwas stärker als »dachtla«, aber sonst gleichbedeutend, ist »abdachtla«.

Daua. Verdauen im Sinne von ertragen, aushalten, mit sich zurechtkommen. – Man kann an einer Beleidigung, an einer äußeren oder inneren Niederlage sehr lange »daua«, oftmals ein ganzes Leben lang.

Diesama. Munkeln, flüstern; oft mit dem Unterton des Unanständigen. – »Im Wäschhaus gilts, dort därf mer net so diesama«, im Waschhaus herrschen strenge Sitten, da wird nicht gemunkelt. »Die diesamat wie d Munderkinger, daß mer s a halbe Stund weit hört!«, sie tuscheln so geräuschvoll miteinander wie die Einwohner der Stadt Munderkingen, so daß man es noch in einer Entfernung hört, die zurückzulegen man eine halbe Stunde benötigt. Munderkingen wird fast ganz von einer Donauschlinge umflossen – ob die Munderkinger früher gegen das immerwährende Geräusch des Flusses anschreien mußten, das heute, in der lauter gewordenen Welt, auch in Munderkingen kaum mehr auffällt? (Vergleiche auch »dus«.)

Dippla. Tippeln, wandern. – Stammt aus der Diebs- und Gaunersprache.

Doba, döbera. Toben, rasen, sich wild oder wütend benehmen, aber nicht im Sinne der Verrücktheit, sondern einfach im Zorn, im Übermut oder im Rausch, vielleicht auch nur des Lärms wegen.

Dößla, dosa. Dösen, schlummern, in sich hineinbrüten, im Halbschlummer vor sich hinträumen, in schwerer Krankheit schlummern; aber auch: schläfrig denken, träg und unsicher herumgehen.

Donka. Tauchen, tunken, dösen. – »Donka« bedeutet dasselbe wie im Hochdeutschen »tunken«, nämlich etwas einstippen, aber darüber hinaus auch das kräftige Untertauchen in Wasser (von einem selbst und von anderen: »Wart no, i donk di!« kündigt der Bub dem Kameraden das Attentat an), das Eintauchen den Halbschlaf und übertragen die Demütigung durch Worte. (Vergleiche auch »Donker«.) – Der Schwabe Friedrich Hölderlin gebraucht in seinem Gedicht »Hälfte des Lebens« das Verb »tunken« in durchaus schwäbischer Bedeutung:

Mit gelben Birnen hänget
Und voll mit wilden Rosen
Das Land in den See.
Ihr holden Schwäne,
Und trunken von Küssen
Tunkt ihr das Haupt
Ins heilignüchterne Wasser.

Dreckla. Kinder spielen gern im Dreck und machen sich schmutzig – dann »drecklat« sie. Dasselbe Wort bedeutet zugleich trödeln, kleine, unwichtige Arbeiten verrichten, während andere auf einen warten: »Jetzt dreckel doch net so rom«, ruft flehentlich der genervte Ehepartner beim Urlaubsantritt, »mir sodded scho en Echderdenga sei, on du gucksch zom dritta Mol, ob au gwieß dr Schlissel em Verschteck isch, em Fall mer onsern en Baali verlierat, on wias em Kanari goht, den wo i doch zur Dande Olga brocht han«: trödle nicht so herum; wir sollten schon im Flughafen in Echterdingen sein, während du zum dritten Mal nachsiehst, ob der Zweitschlüssel im Versteck liegt, für den Fall, daß wir unseren auf Bali verlieren, und wie es dem Kanarienvogel geht, obwohl ich diesen doch Tante Olga in Pflege gegeben habe.

Dudla. Trinken, und zwar viel und lang trinken. – Ein Säugling dudelt seine Milch, und Männer dudeln ihre Viertele. Man dudelt auch auf einem Blasinstrument – aber die Musik ist danach. Der Trinkende und der Bläser sind beide »Dudler«.

Dupfa. Tupfen, antippen, anstoßen. – Das damit zusammenhängende Hauptwort heißt »Dupfer«. »Ebber an Dupfer gäba« bedeutet, jemanden durch Anzüglichkeit reizen, auch ihm indirekt drohen, ihn strafen, sogar betrügen.

Eidurmla. Einschlafen (vergleiche »durmelich«).

Fatza. Reißen, abreißen, abbrechen, abknicken. – Dem Schwaben fatzt der Schnürsenkel, der Knopf am Jackett fatzt ihm ab, ihm fatzt der Fingernagel, aber auch der Geduldsfaden.

Fechta. Kämpfen, aber auch betteln.

Ferka. Fertig machen, fertigen, abfertigen, produzieren, liefern, funktionieren, schnell bedienen. – »Mai Sens ferket meh wia mai Sichel«, mit meiner Sense kann ich mehr (Gras) mähen als mit meiner Sichel. »Ihr Kaffeemühl ferket guot«, ihre Kaffeemühle mahlt gut. »Es ferket ihm«, er arbeitet leicht. »Es ferket net«, es geht nicht vorwärts. »A Ferker« ist ein Fertiger, aber auch der Ausgußstein in der Küche. »Oem da Ferker gä« heißt: jemandem den Garaus machen. Das aus dem Verb gebildete Hauptwort »Ferkung« bedeutet Fertigung, Abfertigung, Ausfertigung.

Fremdla. Besonders kleine Kinder »fremdlat« Unbekannten gegenüber; sie sind dann zurückhaltend, scheu, haben Angst und weinen, wenn man sie anfassen will. Katzen und Hunde »fremdlat« auch, indem sie vorsichtig, mißtrauisch und lauernd zugleich sind, wenn sich ihnen ein Fremder nähert.

Fuggera. Handeln, wirtschaften, mit Geld und Waren so umgehen, daß ein Gewinn herausspringt. – Das Wort ist von dem Augsburger Kaufmannsgeschlecht Fugger abgeleitet, die im 16. Jahrhundert die Geldmagnaten des deutschen Kaisers Karl V. und der Fürsten waren. Der bedeutendste Vertreter dieser Familie war Jakob Fugger, genannt der Reiche. Das Geschlecht wurde geadelt, ja gefürstet und lebt heute noch in einzelnen Linien weiter. Wie gemeinnützig die Fugger dachten

– Eigentum verpflichtet –, zeigt sich noch heute an der Fuggerei, der ersten Sozialsiedlung der Welt. Sie wurde 1519 erbaut, 1944 teilweise zerstört und von den Fuggern nach dem Zweiten Weltkrieg wiederaufgebaut. Seit beinahe 500 Jahren kann die arme Bevölkerung der Stadt Augsburg dort um einen Gulden im Jahr, also fast mietfrei, wohnen.

Fuxa. (Sich) ärgern. – Wenn er mit sich selbst oder im Stillen zürnt, sagt der Schwabe: »Des fuxt mi«. »Des ka mi scho recht fuxa, daß i zom Kaffee z spät komma be«, ich ärgere mich ziemlich, daß ich mich bei meinem Besuch zur Kaffeestunde so verspätet habe, daß ich das Kaffeetrinken oder jedenfalls seinen Beginn versäumt habe.

Gäbla. Reizen, die Kräfte aneinander messen. – Das Wort ist wohl von Gabel (Geweih) abgeleitet. »Beim Pfarrer ond Schultes gäbelt s«, Pfarrer und Bürgermeister liegen im Streit.

Gäga. Kippen, schaukeln, schwanken. – Wir sprechen von gäga, wenn wir einen Kübel, eine Kanne oder einen Becher zur Seite neigen, um die Flüssigkeit darin auszuschütten. Aber auch, wer mit dem Stuhl wippt, gägt.

Gampa. Springen, schwanken, schaukeln. – »Gamp net so!« sagt der Vater zu seinem Sohn, der bei Tisch einfach nicht ruhig sitzen kann. Wenn man die gefüllte Blase nicht entleeren kann, fängt man an zu gampa. Das Wort ist besonders geläufig geworden durch das Volkslied »Aufm Wasa graset d Hasa, ond em Wasser gampet d Fisch ...«

Gautscha. Schaukeln, sich schaukelnd hin- und herbewegen, wiegen, schwanken. – Größere Kinder »gautschet« auf der Schaukel, kleine in der Wiege – und darin werden sie auch gegautscht. Der Großvater gautscht vielleicht vom Wirtshaus heim. »Gitsche, gatsche, gautsche, sitzt a Mädele drauße«, heißt ein Kindervers.

Gheia. (Sich) ärgern, reuen. – Das Wort ist nicht zu verwechseln mit »Keia« (siehe dieses). »Des dät mi schee gheia«, das würde mir sehr leid tun, das würde mich reuen. »Hendadrei keits oen / Hendadrei druckts oen / Hendadrei reits oen // Hendadrei isch tschboht« (Manfred Mai).

Ghöra. Gehören, gehorchen, hören, sich schicken. – Ein zentrales Wort in der schwäbischen Sprache, und zwar aus vier Gründen.

Erstens: Es grenzt Eigentum ab, und das ist bei den Häuslesbauern vielleicht noch etwas wichtiger als bei anderen. Der Pietismus, die Sonderform des Protestantismus, welche die Schwaben tiefgreifend geprägt hat, lehrt, daß der materielle Erfolg ein Zeichen von Gottes Wohlgefallen ist. So beherrscht auch in sehr frommen Kreisen nicht das Geben, sondern das Besitzen das Streben. »Des ghört fei mir!«, daß du ja nicht auf dumme Gedanken kommst: das ist mein Besitz! –

Zweitens: Der Schwabe liebt unpersönliche Sprachkonstruktionen, er legt sich ungern präzise fest und versucht bei alledem dennoch, die Sprache so einfach wie möglich zu halten. »Ghöra« dient ihm dabei als vereinfachendes Hilfszeitwort: »s schaffa ghörd abgschaffd / daß mr endlich zeid hod / fir a oschdendichs gschäfd!« (Helmut Pfisterer), das Arbeiten müßte abgeschafft werden, damit man endlich Zeit für eine richtige Arbeit findet. »Do ghörd kherd!« (ders.), hier muß gefegt werden. –

Drittens: Die Schwaben und das liebe Geld findet man auf der ganzen Welt, lautet ein Spruch, der auf die großen, durch Armut und Kinderreichtum verursachten Auswanderungswellen aus Schwaben in den letzten Jahrhunderten verweist. Die Tatsache, daß viele Schwaben in der Diaspora leben, mag einer der Gründe dafür sein, daß die Zugehörigkeit zu Gruppen, zum Stamm, die Verbindung mit einer geographischen Heimat besonders stark ist. »Do ben i drhoem, do ghör i na«, hier bin ich zu Hause, hier gehöre ich her – das Heimatgefühl des Schwaben muß oft unterdrückt werden und bricht sich deshalb manchmal eruptiv Bahn. In der Art, wie »mein«, »dein«, »sein« ja nicht nur besitzanzeigende, sondern auch zugehörigkeitsanzeigende Fürwörter sind, ist »ghöra« im Schwäbischen ein zugehörigkeitsanzeigendes Zeitwort.
Viertens: In der schwäbischen Gesellschaft gibt man, entgegen anderslautender Meinungen, wie in allen (spieß-)bürgerlichen Gesellschaften viel auf Etikette. Allerdings sind die Benimmregeln manchmal etwas eigen. »Des ghört sich ned«, das schickt sich nicht, ist jedenfalls ein oft ausgesprochener und vernommener Satz, und er kann ein vernichtendes Urteil über andere fällen.

Über diese vier Bedeutungen hinaus meint »ghöra« auch das Hören und das Gehorchen: »Dr Oba ghört nex meh«, Großvater ist taub; »Dr Baschdl ghört oefach ned recht«, Hund Sebastian gehorcht einfach nicht so, wie er sollte. – Die verschiedenen Schattierungen des Wortes hat Georg Holzwarth in seinem Gedicht »Was mr ghärt« glänzend charakterisiert: »Was mr ghärt des ghärt mr / was dr ghärt des ghärt dr / was em ghärt des ghärt em / was os ghärt des ghärt os // was sich ghärt des ghärt sich«.

Giegsa. Jemanden mit dem Finger, einem Stock oder einem spitzen Gegenstand leicht anstoßen, ohne daß es weh tut oder verletzt. – »Giegs«, sagt man bei Kleinkindern, wenn man sie beim Spielen mit dem Finger leicht berührt und kitzelt (siehe auch »dupfa«). Da sitzt ein Pärchen im Park auf der Bank. Er, etwas schüchtern, will sich bemerkbar machen. Zaghaft tippt er mit dem Finger in die Hüfte des Mädchens, macht »giegs« und meint dann: »Gell, i ka wild sei!« – Giegsa heißt auch: einen »Giegser«, einen hellen Laut der Überraschung, ausstoßen.

Glitza, glitzera. Glänzen, gleißen, blinken, strahlen, funkeln, glitzern.

Gonna, vergonna. Gönnen. – »I (ver-)gonn ems, daß er da Acker kriagt hot«, ich gönne es ihm, daß er den Acker bekommen hat.

Graddla. Schlecht gehen. – »Der ka jo nemme graddle«, der kann ja wirklich nicht mehr gut gehen.

Gräbsla. Krabbeln, klettern, erklimmen, steigen. – Geht der Schwabe einen steilen Berg hinauf, dann »gräbselt er nuff«, und wenn es auf allen vieren sein muß. Das Wort leitet sich vom Krebsgang ab. »Wer net schwimma ka, muß gräbsla«, wer nicht schwimmen kann, muß bergsteigen. »Der ka senga wie a Sau gräbsla«, er kann so gut (oder besser: so schlecht) singen wie ein Schwein bergsteigen kann.

Grimma. Zwicken, kneifen, stechen, schmerzen, ziehen. – Wenn man ein Magengeschwür hat oder unter Sodbrennen leidet, »grimmt dr Bauch«. Das Wort wird aber auch übertragen gebraucht: »Des grimmt me scho«, das ärgert mich, wurmt mich. »s Grimma han« (das Grimmen haben) bedeutet: in Verlegenheit sein. »Mei Portmonee hot s Grimma«, ich bin finanziell in Verlegenheit (wörtlich: mein Geldbeutel leidet unter kneifenden Schmerzen).

Gruaba. Ausruhen, rasten (siehe auch »verschnaufa«).

Grubla. Das Wort bedeutet zunächst: in einer weichen Masse bohren, zum Beispiel in der Erde (denn grubla ist von »Grube« abgeleitet), in einem Flickensack, in der Nase. Und wenn der Schwabe in seinem Gärtle oder auf seinem Äckerle arbeitet, so grubelt (= schafft, arbeitet) er auch, gleichgültig, womit er gerade beschäftigt ist.

Gruppa. Übertrieben schaffig sein, auch: pfuschen, etwas hinschlampen. – Das Wort ist nicht mit »Gruppe«, wohl aber mit »grabschen« und »greifen« sprachverwandt. »A Grupper« ist einer der gruppt, also ein immerwährender Schaffer – oder ein Stümper.

Gruschtla. Suchen, herumstöbern, räumen, kramen. – »En deim gruschticha Zemmer kaschd lang gruschtla, bis da des fensch«, in deinem unaufgeräumten Zimmer kannst du lange suchen, bis du das Gesuchte findest.

Gschirra. Haushalten, auskommen. – Man sagt von einer Hausfrau, daß sie gut gschirrt, das heißt, daß sie fleißig und sparsam im Haushalt ist. Oder man spricht von Ehepartnern, die gut gschirret, die also miteinander auskommen. In beiden Fällen stammt das Wort nicht vom Eß-, sondern vom gut oder schlecht sitzenden Pferdegeschirr, das hier im übertragenen Sinne angewandt wird.

Hagla. Fallen. – Jede Art des (unfreiwilligen) Fallens kann man im Schwäbischen »hagla« nennen, auch in Verbindung mit richtungsanzeigenden Vorsilben: raghagelt, naghagelt, nuffghagelt. »Nahagla« mit offenem a (wie in Apfel) heißt: hinunterfallen; »nahagla« mit nasaliertem a (wie im französischen dans) bedeutet: hinfallen, stürzen.

Haua. Hauen, schlagen. – »I hau dr eine ronter!«, du bekommst eine Ohrfeige. Oder: »Des Messer haut gar net«, das Messer schneidet nicht.

Ein Norddeutscher kommt zum erstenmal nach Süddeutschland und auch nach Tübingen. Er hat schon von den Gogen dort (den als besonders grob bekannten Weingärtnern) gehört und möchte gern einmal einen sehen. Darum erkundigt er sich bei einem Mann auf der Straße. Das ist natürlich ein Gog, und ehe der Frager eine gepfefferte Antwort erhält, ruft schon ein anderer Gog aus dem Fenster hinunter: »Karle, hau dem gschwend oine ronter, i komm glei na, no kriagsch se wieder!« (Karl, verpasse ihm – leihweise in meinem Namen – eine Backpfeife, ich komme gleich hinunter, dann erhältst du sie zurück.)

Heba. Heben, halten. – »So, des hebt«, sagt man im Schwäbischen, wenn etwas genagelt oder geleimt wurde. »Heben« bedeutet also soviel wie zusammenhalten. (Vergleiche auch »batta«.) »Heb mir amol mein Schirm«, heißt: Halte bitte geschwind meinen Schirm. »Hebet n, hebet n«, ruft man, um einen Flüchtenden einzufangen. Außerdem: »Mir hebet heut no oin«, sagen die Schwaben, wenn sie ankündigen, daß sie noch ein Glas Bier, ein Viertel Wein oder sonst etwas Alkoholisches zu sich nehmen wollen.

Hechla. Flachs oder Hanf mit der Hechel säubern.

Heemacha. Zerschlagen, zertrümmern, kaputtmachen, töten. – Siehe »hee«. Für den passivischen Gebrauch ist die Zusammensetzung »heeganga« gebräuchlich; sie bedeutet zerschlagen werden, zertrümmert werden, kaputtgehen, getötet werden.

Hodda. Wanken, vorwärtsgehen, umgehen. – »Hodd!« ruft man dem Ochsen oder dem Pferd zu, wenn das Zugtier nach rechts gehen soll. (»Hüschd!« bedeutet links.) »Ned hüschd on ned hodd« bedeutet unentschieden. »Der woeß nemme, was hüschd on was hodd isch«, er weiß sich nicht mehr zu helfen. »Hodda« bezeichnet also eine Gangart, die mal nach links und mal nach rechts schwenkt und beim Weg vom Wirtshaus nach Hause besondere Beliebtheit genießt. Es heißt aber auch (ironisch) soviel wie trotten, langsam und unentschlossen vorwärtsgehen. »S will oefach ned recht hodda«, in der Angelegenheit bewegt sich nichts. »Zamma hodda« meint gemeinsame Sache machen, gemeinsam hausen. »Du kannsch mit mir net hodda wie de willsch«, so kannst du mit mir nicht umspringen!

Hoimleichta. Jemanden übel abblitzen lassen, fertigmachen. – Die Ankündigung, jemandem heimzuleuchten, kann eine ironische oder eine ernst gemeinte Drohung sein. »Wart no, dir leicht e hoim«, ich will dir sagen, was es geschlagen hat.

Dui Sau han e heegmacht!

Hornigla. Stechendes Frieren in den Fingerspitzen. – Kommt wohl von Hornung, dem alten Monatsnamen für Februar. Das Hauptwort »Hornigl« bezeichnet nicht nur das stechende Frieren, sondern auch ein Frühjahrsgewitter, einen Streit, der wie ein solches kommt und schnell wieder vorbei ist, einen Menschen, die »ogschlacht« wie ein Gewitter ist; schließlich ist es das schwäbische Wort für Hornisse, und man verwendet es für ein ungepflegtes, struppiges Tier.

Hupfa. Springen. – Ein »Hupfsoel« ist ein Sprungseil. Siehe auch »schbringa«.

Hurgla. Rollen, rugeln, kugeln. – Einen Ball kann man »hurgla«, auch ein Faß, wenn es nicht allzu schwer ist.

Kata. Karteln, spielen. – »I lass mit mir itt kata« entspricht etwa dem norddeutschen Satz: »Ich lass' mit mir nicht kegeln.«

Keia. Fallen, werfen. – »Kei des Deng do nom«, wirf das Ding dort hinüber. »Der isch schwer nakeit«, er ist schwer gestürzt oder gefallen. Nicht zu verwechseln mit »gheia« (siehe dieses).

Kiddera. Kichern, dumm und unterdrückt lachen, auch heimlich und halblaut. – »Der kiddert wie a Rahmschlecker«, der lacht sozusagen profitlich in sich hinein.

Knappa. Hinken. – Mit einem kurzen Bein, einer Fußverletzung, einem Hühnerauge oder mit zu engen Schuhen muß man »knappa«.

Knarfla. Ein helles, hartes, kurzes Geräusch erzeugen. – Wenn trockenes Brot zerbissen, eine Nußschale zerknackt oder ein Bleistift zerbrochen wird, »knarfelt« es. Das Knarfla ist dem Zähneknirschen (auf Schwäbisch »knarfa« oder »knärfa«) sehr ähnlich.

Kutzla. Kitzeln. – Wird im tätsächlichen und im übertragenen Sinn gebraucht. Man »kutzlt« einen andern an den Fußsohlen, aber auch an der Eitelkeit.

Läbbera. Mit Wasser spielen; eine Flüssigkeit, besonders Wasser, verschütten; eine Flüssigkeit wiederholt von einem Gefäß in ein anderes umgießen; hin- und herrühren. »Mei Bule läbbert halt gern«, mein Sohn spielt eben gern mit Wasser. – Siehe auch »läbberich«.

Langa. Reichen. – »Lang mir des Töpfle«, gib mir den Topf. »Jetzt langt mers«, jetzt reicht es mir. Siehe auch »nalanga«.

Laufa. Gehen. – Siehe auch »hupfa«, »saua« und »schbringa«.

Liecha. Hanf, Flachs oder Rüben herausziehen beziehungsweise rupfen.

Losa. Hören, horchen, aufpassen. – In ländlichen Gegenden, vor allem im Südwesten Schwabens, sagt man wie im Südalemannischen und Schweizerdeutschen: »Los amol!« und meint damit: »Hör einmal zu!«

Lottla. Wackeln. – Eine Tür, die nicht gut schließt und bei der kleinsten Erschütterung vibriert, lottelt; eine Schraube, die nicht festsitzt, lottelt ebenfalls.

Lupfa. Hochheben, heben. – Der Schwabe »lupft« einen Stuhl, einen Tisch, einen Behälter, denn unter »heba« (heben) versteht er etwas anderes (siehe dort). *Es* kann aber auch *ihn* »lupfa«: wenn er nämlich so angeekelt ist, daß ihm der Mageninhalt hochkommt. Gemeint ist also das Brechreiz-Verspüren, die kurze Phase, bei der es einen im Hals schon würgt, man sich aber noch nicht übergeben muß. Dies nennt man etwas ordinärer auch »kötzela«, während »kotza« oder feiner »schbucka« (spucken) die schwäbischen Ausdrücke für das Vomieren sind. Manchmal lupft es aber einen Schwaben, wenn ein anderer dummes Zeug redet.

Mampfa. Mit vollen Backen gierig kauen, essen. – »Ihr mampfet jo, wie wenn ihr vom Jaga kämet«, euch schmeckt es ja so gut, als kämt ihr gerade von der Arbeit.

Meuchla. Muffeln, nach Schimmel riechen. – Der Schwabe sagt: »Es meuchelt«, wenn es modrig riecht, etwa in einem alten, feuchten und schlecht gelüfteten Keller. Riecht ein Mensch nach alten Kleidern oder unsauberer Wäsche, so hört man: »Der (oder dui) meuchelet aber schee«, der (oder die) stinkt. Statt »meuchla« kann man auch »mürschela« oder »feisla« sagen.

Migga. Bremsen. – Ein Wort, zu dem unmittelbar auch die »Miggets« (Bremse) gehört und das heute weniger geläufig ist als zur Zeit der Pferdefuhrwerke, wo eine Handbremse nötig war. Mittels eines Handgriffs, ähnlich wie bei der Kaffeemühle, wurde die Miggets durch kreisende Bewegung in Tätigkeit gesetzt, so wurde gemiggt, also gebremst.

Nalanga (mit nasaliertem erstem a). Anfassen, anpacken, befühlen. – »Lang no amol do na, wie des kalt isch«, berühre doch einmal das, wie sich das kalt anfühlt. »Lang mit do na«, packe mit an bei der Arbeit.

Naschneckla, naschnuckla (mit nasaliertem erstem a). Liebevoll anschmiegen.

Nastracka (mit nasaliertem erstem a). Der Länge nach liegen, ausruhen. – Nach einer langen Wanderung will man sich recht gemütlich »nastracka«, alle viere von sich strecken.

Niebla. Nebelartig fein regnen. – »Duß nieblts«, draußen fällt Regen mit kleinsten Tröpfchen.

Noddla. Rütteln, etwas rasch, aber nicht heftig hin- und herbewegen, stark schütteln. – Klemmt eine Türe, ein Fenster, so wird daran »gnoddlt«, bis sie oder es aufgeht. »Wenn mer am Baum noddelt, haglet d Bira ra«, schüttelt man den Baum, dann fallen die Birnen. »Des isch oiner, der wo s Noddla an de Zaunpfähl net lassa ka«, er kann's nicht lassen, an den Zaunpfählen zu rütteln (wörtlich: das ist einer, der das Rütteln an den Zaunpfählen nicht lassen kann; das Relativpronomen »wo« steht nur zur Verstärkung und ist unübersetzbar).

Noppa. Nähen, flicken. – Jeder kennt die Stoffe mit Noppenmustern. Die Noppen sind starke Fäden, die hochstehen und im Couchbezug oder Kleiderstoff gut aussehen. Bei der Näherei ist das ganz anders. Wenn hier so schlecht genäht wird, daß Noppen entstehen, dann sagt die schwäbische Frau zu einer solchen Näharbeit: »Do isch aber bees gnoppt worda.«

Omorgla. Umräumen, umdisponieren.

Pflatscha. Stark regnen, durch Wasser oder auf dem Wasser ein klatschendes Geräusch erzeugen. – Wenn ein starker Regen, ein richtiger Wolkenbruch oder Platzregen niedergeht, sagt der Schwabe: »Jetzt guck no au, wie des pflatscht.« (Siehe auch »brazzla«.) Aber auch, wenn jemand im Freibad einen Kopfsprung vom Zehn-Meter-Brett versucht und mit dem Bauch aufkommt (einen »Bauchpflatscher« macht), pflatscht's.

Pfludera. Flattern, mit den Flügeln schlagen; plätschern, gurgeln; eine feuchte Aussprache haben; schludern, schlampen; flackern. – »I mueß en halt pfludera lassa«, wörtlich: ich muß ihn flattern lassen, bedeutet: Mir bleibt nichts anderes übrig, als ihm seine Freiheit zu lassen, er möge seiner Wege gehen und sehen, wie er zurecht kommt. – Ähnlich wie pfludera und wohl davon abgeleitet ist das Verb »pfladdera« = eine gehemmte, unvollkommene Bewegung vollführen.

Pflumpfa. Fallen, plumpsen.

Pfupfera. Erregt sein, unruhig gespannt sein. – Es pfupfert den Schwaben sehr, wenn er nachträglich feststellen muß, daß er dies oder jenes hätte tun sollen, um einen Vorteil zu haben. Er befindet sich dann in einem Zustand reuiger Erregung. Andererseits pfupfert es ihn, etwas zu tun, zu dem ihm einfach noch der letzte Schwung fehlt – auch in der Liebe.

Pfuzga. Fauchen, zischen. – Es »pfuzgat«, wenn grünes Holz brennt, wenn Wasser oder Fett zum Sieden kommt, aber auch wenn Menschen zischend ein- oder ausatmen, wenn sie »aus dem letzten Loch pfeifen«.

Quaddla. Schwerfällig gehen.

Rätza, raizza. Sticheln, ärgern, reizen, auch durch Redensarten, auch beim Kartenspiel.

Rappla. Aufgeregt sein, lärmen, schnell, hastig und undeutlich sprechen, Unsinn schwatzen. – Die Maus rappelt = sie macht ein Geräusch. Er rappelt = er ist ein bißchen verwirrt im Kopf.

Riffla. Flachs oder Hanf durch die Riffel ziehen. – »Ebber riffla« bedeutet: jemandem eine Abreibung verpassen, einen Rüffel geben.

Ropfa. Zupfen, rupfen, ziehen, reißen. – Zerzaustes Haar ropft, wenn es gekämmt wird.

Saua. Laufen, rennen, eilen. – Es wird abgeleitet vom Schwein, das trotz seiner Fülle und seiner kurzen Beine sehr schnell laufen kann (Schweinsgalopp). Schon bei manchem Norddeutschen hat für Verwirrung gesorgt, wenn ein Schwabe seinen Favoriten beim Wettlauf mit »Sau, sau, sau!« anfeuert, was nichts anderes bedeutet als: Renne was du kannst! Siehe auch »hupfa«, »laufa« und »schbringa«.

Schärra. Scharren, kratzen.

Schaicha. Fortjagen, fortscheuchen. – Auch die Form »jaicha« ist gebräuchlich.

Schbachtla. Unmäßig essen, viel auf einmal hineinschieben. – Eigentlich: mit dem Spachtel essen.

Schbenna. Spinnen. – »Du schbennsch« = du spinnst, du bis nicht recht im Kopf.

Schbicka. Unbemerkt beobachten, hervorlinsen; mit Speck durchziehen. – Ein Kind, das beim Versteckspiel suchen soll, aber vorzeitig zwischen den Fingern hindurchblinzelt, »schbickt«. Wehe, wenn es dabei ertappt wird! Dann heißt es: »Das gilt net, der hot gschbickt!« Was ein »Schbickzettel« in der Schule ist, läßt sich leicht erraten. »Schbicka« kann man auch einen Braten. Das rohe Fleisch wird mit schmalen Speckstreifen durchzogen, damit es beim Braten zarter und saftiger wird. Vom Speck leitet sich das Wort denn auch ab.

Schbiela. Spielen, spülen. – »S Kend schbield, on d Muader schbielt au«, sagten früher die schwäbischen »Machos«, wenn sich das Kind vergnügte und die Mutter den Abwasch besorgte. Und was da nicht alles gespielt wurde auf der »Gaß« (Straße), der Wiese oder im Wald: Topferles, Steinisles (Steinis sind Murmeln), Fangerles, Versteckerles, Räuberles, Indianerles, Vatterles-und-Mutterles, Himmel und Hölle, Blinde Kuh und Zehnerles. Heute weitgehend abgelöst durch Computerles, Autoles (auch ferngesteuert), Fernseherles und ähnliche technische Vergnügungen.

Schbrenza. Gießen, leicht mit Wasser bespritzen, besprengen, begießen.

Schbringa. Laufen. – Schnell laufen heißt auf schwäbisch »saua« (siehe dieses), springen »hupfa« (siehe dort), gehen »laufa«.

Schlotza. Etwas im Mund zergehen lassen, lutschen. – Wenn der Schwabe ein Bonbon in den Mund nimmt, dann lutscht er es nicht, sondern er schlotzt's. Der Ausdruck »Vierteles-Schlotzer« besteht nicht ohne Grund: den Wein trinkt man nicht wie Wasser oder Bier; der Kenner zerdrückt den Wein mit der Zunge, er schlotzt ihn förmlich, kaut und genießt ihn so erst vollkommen.

Schlucka. Schlucken, übermäßig trinken. – »Do han i schlucka miaßa« meint: es war ein Schock, ich mußte erst einmal (leer) schlucken. »Des han i schlucka miaßa« bedeutet hingegen: das mußte ich erleiden, es war (zum Beispiel) eine Beleidigung, gegen die ich mich nicht zur Wehr setzen konnte. »A Schluckschbecht« (Schluck-Specht) ist einer, der öfter über den Durst trinkt. »A armer Schlucker« ist einer, der sich dieses nicht leisten kann, einer, der arm dran ist. »A Schlucker« oder »Schluckser« ist das, womit sich getrunkene Kohlensäure ihren Weg zurück ans Tageslicht sucht: der Rülpser. Unter »Breggala schlucka« versteht der Schwabe: kleine Brocken, Stückchen schlucken, hinabwürgen. Noch schlechter ist man dran, wenn man »Breggela lache« muß – damit ist das Erbrechen gemeint.

Schlurga. Die Füße am Boden schleifen, schlurfen.

Schmatzga. Schmatzen.

Schnarrmaula. Leer kauen. – Man kann dazu auch »schnappmaula« sagen.

Schobba. Stopfen, hineinschieben. – Eine Gans wird beispielsweise »gschobbt«, also auf unnatürliche Weise fett gemacht, gemästet. Früher wurden die Gänse vor Weihnachten oft gewaltsam mit Maisbrei gefüttert. Heute ist diese Art des Mästens in Deutschland verboten.

Schtaxa. Stottern. – Im Gegensatz zu »gagsa« (vergleiche »Gägser«, Seite 104) kann es sich dabei auch um einen angeborenen Sprachfehler handeln.

Schteibera. Stützen, sich gegen etwas wehren. – Einen Baum oder ein Haus »schteibert« man.

Schtibitza. Stehlen, listig wegnehmen. – Man spricht nur in scherzhaftem Ton von »schtibitza«.

Schtiefla. Rasch gehen. – Auch »daherschtiefla« oder »davonschtiefla«. Natürlich leitet sich das Wort vom Stiefel ab.

Schtiera. Anstieren; wühlen. – Das Wort hat zweierlei Bedeutung: einen andern unverwandt anschauen, anstarren. Oder aber: stochern, wühlen. Man »schtiert« im Schrank, wenn man etwas sucht, oder der Hund »schtiert« nach einem Knochen im Abfalleimer.

Schugga. Stoßen, zum Schaukeln bringen. – »Ebber rumschugga« = ihn schlecht behandeln. Siehe auch »aschugga«.

Schupfa. Stoßen, wälzen. – »Nudla schupfa« heißt: mit der Hand Teigwaren rollen. »Schupfnudeln«, auch unter dem Namen »Buabespitzle« bekannt, in Wasser gekochte und geschmälzte

Kartoffelwürstchen, schmecken gut zu Sauerkraut. Ein nicht ganz jugendfreier schwäbischer Spottvers lautet:

Anna Dudel, schupf dei Nudel,
sperr dei Mehl in Kaschta,
kommt dr Bauer im Hemmed ra
und hilft dirs helfe raschple.

Schwanza. Herumstreifen, streunen. – Das Wort wird meist ironisch-spöttisch gebraucht: »So, warschd wieder schwanza?« fragt der Mann seine Frau, die bei einem Kaffeekränzchen oder zu einem Einkaufsbummel in der Stadt war. »Schwanza« hat dieselbe Wortwurzel wie schwänzen, nämlich scharwenzeln = umherstolzieren.

Soichela. Nach Urin riechen. – »S soichelet«, sagt man von einem Kind, dessen Windeln naß und vielleicht schon wieder trocken geworden sind. »Soicha« bedeutet Wasser lassen, »Soich« ist der Urin. Wie für alle Fäkalausdrücke, gibt es dafür natürlich zahlreiche Synonyme, zum Beispiel »bronza«, »pissa«, »bisela«, »s Wasser abschlaga«, »schiffla«, »schiffa« fürs Verbum, »Schiff«, »Wasser«, »Gülle«, »Lache« (die beiden letzten für tierische Produkte) fürs Substantiv. Um die entsprechenden Verrichtungen ranken sich zahlreiche Witze, in deren Mittelpunkt meist die Gogen stehen, die groben Tübinger Wengerter, die früher auch die Abortgruben der Stadt leerten und mit dem Inhalt ihre Weinberge düngten. Bei dieser Tätigkeit fiel einem einmal seine Jacke in die Grube. Als es ihm nicht gelang, sie herauszufischen, fing er an, gotteslästerlich zu fluchen. »Das wird ja wohl nicht ihr einziger Rock gewesen sein«, versuchte die Professorengattin, zu deren Haushalt der Lokus gehörte, ihn zu beruhigen. »Om da Kittel wärs mir ja gar ned«, entgegnet da der »Raup«, »aber in der Tasch isch mei Vesperbrot!«

Suggla. Sabbern, saugen. – »Suggel« bedeutet Mutterschwein, »Suggele« ist ein kleines Schwein; »suggla« heißt eigentlich saugen, Muttermilch trinken. Hat eine Sau Junge und diese saugen an ihr, so wird dabei gesabbert oder gesuggelt, daher die zweite Wortbedeutung.

Traga. Tragen. – »Traga« wird wie »saga« (sagen) konjugiert: im Unterland »i trag, du trechsch, er trecht« – im Oberland »i trai,

Verdrucka

du traisch, er trait«. »D Büasinger mit zwanzig Johr trait mer in de Wendla« (in den Windeln), heißt es in Mörikes »Hutzelmännlein«.

Treppla. Treten, mit den Füßen bedienen. – Beim Mofa muß man an steilen Bergen »treppla«, in die Pedale steigen.

Triala. Aus dem Mund tropfen lassen; nichts oder äußerst wenig tun. – »Der Bua trialt aber; er zahnt gwiß«, wenn der männliche Säugling so sabbert, bekommt er bestimmt Zähne. »A Trialer« ist ein Kinder-Lätzchen. Wer so entspannt ist, daß ihm der Speichel aus dem Mund tropft, »trialt« ebenfalls; es ist dies ein von vielen zum Kräftesammeln hoch geschätzter Zustand. Wenn jemand langsam vor sich hin arbeitet, unkonzentriert, lustlos und in einer Art und Weise, daß man vom Zuschauen einschlafen könnte, »trialt« er »rom«.

Ufheba. Aufheben, aufsammeln, aufbewahren. – »I han mei Brill so guat ufghoba, daß i se nemme fend«, sagt seufzend die Großmutter, wenn sie die Brille auf der Nase hat. (Vergleiche auch »heba«.)

Verbobbera. Vor Ungeduld vergehen. – Die Ursache zum Verbobbera ist immer eine Erregung oder Spannung, dabei »bubbert« (klopft) das Herz nicht wenig. »Mer könnt grad verbobbera« – eingekeilt in einen Autostau, während man längst woanders sein sollte, als Bub oder Mädchen in Erwartung des Christkinds oder in ähnlichen Situationen.

Verdöffla. Verhauen, schlagen.

Verdrucka. Zerdrücken, hinunterschlingen, sich einverleiben. – Man kann eine ordentliche Portion Sauerkraut mit Spätzle verdrucka, das heißt verspeisen; man kann aber auch ein Mädchen vor lauter Liebe fast verdrucka, so daß diesem die Luft ausgeht.

Verduwäggla. Verdummen.

Verdwischa. Erwischen, einfangen, einholen.

Verganda. Zwangsweise enteignen. – Das Wort ist in Süddeutschland bei der älteren Generation noch bekannt, es kommt vom italienischen Gant (Konkurs). Auf die Gant kommen = zur Versteigerung kommen.

Vergraba. Vergraben, aber auch begraben.

Verhalta. Dieses Verb kommt von »Unterhalt«. Man sagt etwa: »Der verhält seinen Vater«, und meint damit, daß er für den Unterhalt des Vaters aufkommt.

Verkirna. Verschlucken, so daß Hustenreiz entsteht; etwas in den »falschen Hals«, in den »Sonntagshals« bekommen.

Verkomma. Begegnen. – »Do isch mr dr Karle verkomma«, da ist mir Karl begegnet. Abgeleitet von hervorkommen.

Verkuahwedla. Etwas versäumen oder verderben. – Das originelle Wort kommt von Kuah (Kuh) und wedla (wedeln). Hört man sagen: »Jetzt hot der des au verkuahwedelt«, dann ist damit gemeint, daß er das auch noch versiebt und damit alles verdorben hat.

Verleba. Erleben. – Eine weit verbreitete Strafandrohung lautet: »Du kasch ebbes verleba«, du kannst dich auf etwas gefaßt machen; du kannst etwas erleben.

Verloddera. Vertrödeln, vergeuden, vertrotteln. – »Er isch reschtlos verloddert«, er ist unordentlich, fast schon ein wenig verkommen.

Vermassla. Verderben, verunreinigen, verpatzen. – Abgeleitet vom jiddischen »Massel« = Glück, das sich ins Gegenteil verkehrt, wenn man etwas vermasselt.

Vernudla. Pressen, bearbeiten wie einen Nudelteig; liebkosend drücken. – »Ach, i könnt di grad vernudla«, sagt man zu einem kleinen Kind oder auch zu seinem Schätzle.

Verschempfiera. Verunglimpfen, verpfuschen oder verderben; das heißt etwas, das schon Bestand hat, zum Nachteil verändern oder durch falsche Behandlung verunstalten.

Verschnaufa. Eine Atempause einlegen, rasten.

Verwella. Abkochen, kochen, sprudeln lassen. – Man »verwellt« die Milch oder das Gemüse und meint damit das Abkochen.

Verzwenga. Erzwingen. – Die Vorsilbe »er-« ist dem Schwaben manchmal zu wenig; er gebraucht deshalb »ver-« statt »er-«. In ihrer Bedeutung, die ungefähr mit »durch« zu umschreiben ist, paßt sie vielleicht auch besser zu seinem manchmal brachialen, immer aber auf den Grund der Dinge gehenden Wesen als die Vorsilbe »er-«, die etwa den Bedeutungsgehalt »bis zu, an etwas hin« hat.

Verzwiebla. Verhauen, quälen. – Siehe auch »zwiebla«.

Waala, wargla. Wälzen, sich wälzen. – Hunde »warglet« sich im Schnee, und ein Kleinkind, das recht rundlich ist, heißt man ein »Wargele«.

Wiefla. Flicken, stopfen. – Die Schwäbin wiefelt einen Riß oder eine »blöde«, also dünne Stelle an einem Wäschestück. Das Gewiefelte ist feiner als Gestopftes, sorgfältiger, und sieht fast wie kunstgestopft aus.

Wischbra. Wispern, raunen, flüstern.

Wuala. Wühlen; heftig arbeiten. – Eine Sau »wualt« im Dreck. »Wuala« heißt wühlen, etwas umgraben, und zwar wörtlich genommen, also auf dem Feld, oder übertragen bei jeder anderen »Ärbet«.

Wurma. Wenn dem Schwaben irgend etwas schiefgeht, wenn ein Geschäft nicht zustande kommt oder wenn ihn die Liebste kränkt, dann wurmt es ihn. Es ist, als nagte ein Wurm an seinem Gemüt. Man sollte den Schwaben nie so weit bringen, daß ihn etwas wurmen muß, denn er hat oft sehr lange daran zu »dauen« (siehe dort).

Wusla. Sich lebhaft und rasch bewegen, sich rühren, Leben zeigen, »wuselich« sein (siehe Seite 78).

Zenda. Zünden, leuchten. – Auch im Sinn einer Drohung: »Dem wer i oine zenda«, dem werde ich eine versetzen. Nicht zu verwechseln mit »zendla« = zündeln, mit Streichhölzern spielen.

Zwaga. (Sich) waschen, vor allem den Kopf. – Das Wort ist nicht mehr sehr gebräuchlich, verbindet es sich doch mit einer früher sehr umständlichen Prozedur. Davon abgeleitet sprach man von »Zwagbecka« und »Zwagkessel« (beides: Waschbecken), dem Zwagtuch (Badetuch) und der Zwagerin (Baderin).

Zwiebla. Plagen, ducken, zur Ordnung anhalten. – »I werd di scho zwiebla!« sagt man im Schwabenland und meint, man werde denjenigen schon ordentlich an die Kandare nehmen. Siehe auch »verzwiebla«.

Zwirbla. In kreisförmige Bewegung setzen. – Beim schnellen Walzer wird die Partnerin »romzwirbelt«, schwunghaft herumgeschwenkt. Auch Bärte wurden vordem gezwirbelt – und werden es jetzt wieder.

Die Sprache – ein Spiegel des Menschen

Vom Leib und etlichen Leibesschäden

Der Schwabe besitzt die Fähigkeit, sich selbst mitleidlos charakterisieren und ironisieren zu können. Darauf stoßen wir besonders bei den Benennungen, die dem menschlichen Körper, seinen Teilen, Gliedmaßen und Funktionen gelten. Das Rauhe, ja Grobe, mit dem etwas festgenagelt wird, was vom Normalfall abweicht, ist dabei bezeichnend. In Wahrheit sollen jedoch gerade durch die Übertreibung der wirkliche Zustand und die tatsächliche Beschaffenheit als nicht so »unerhört« hingestellt werden. Freilich geißelt der eine oder andere Begriff auch eine schlechte Eigenschaft durch beißenden Spott.

Anka. Genick. – Wenn jemand einen »Athleta-Anka« hat, dann ist das ein stark ausgeprägtes Genick, ein starker Nacken.

Bawärtersdäfela (mit nasaliertem erstem a). Früher gab der Bahnhofsvorsteher das Zeichen zur Abfahrt des Zuges mit einer Kelle, einer Bahnwärterstafel. Sie war kreisrund und rot-weiß. In der Mehrzahl und mit der bekannten Verkleinerung, dem »le« am Ende, werden damit abstehende Ohren bezeichnet.

Bläderle. Bläschen, Mitesser oder Pickel im Gesicht oder am Körper, hervorgerufen durch Fieber, einen Insektenstich oder anderes.

Bloder (mit nasaliertem o). ist größer als das Bläderle, sonst aber dasselbe. – Wir Schwaben reden von einer »domme Bloder« und meinen damit ein blödes weibliches Wesen, das so unnütz ist wie ein großer Pickel.

Bobo. Gesäß. – Das sind die berühmten »vier Buchstaben«, mit denen das damit Ausgesagte oft schamvoll umschrieben wird. »Bobo« stammt aus der Kindersprache (abgekürzt von Podex) und wird auch fast nur auf Kinder angewandt. Bei den Erwachsenen heißt es »Arsch« (von griechisch »orros« = Steißbein), »Hendra« (Hintern), »Henderdeil« (Hinterteil), »verlängerts Rückgrat« oder »Fiedle«. »Bobo« wird häufig zu »Bobole«

verkürzt. »Setz di auf dein Bobo und geb a Ruh!«, setze dich und verhalte dich still. »Du kriegsch eins auf dein Bobo«, dir wird der Hintern versohlt. »Hasch du a netts Bobole«, hast du ein reizendes, hübsch geformtes Hinterteil.

Bratze. Große, ungefüge Hand; Tatze, Pfote. – »Der hat a Paar Bratza wie d Flederwisch zum Schaffa«, er ist unbeholfen. »Dia hat a Bratz wie a Bär«, sie hat eine Hand, die einer Bärentatze gleicht. Große Hände und Füße werden auch als »Bratscha« bezeichnet. Eine »Bratsche« ist ein altes, brummiges Weib.

Breschtleng. Unförmige, große und vor allem rote Nase. – »Breschtleng« ist eigentlich das schwäbische Wort für Erdbeere. Siehe auch »Kompf«, »Zapfa« und »Zenke«.

Burra. Geschwollene Stelle, die durch einen groben Stoß entstanden ist. – Im weiteren Sinn ist mit »Burra« jede Erhöhung, jeder noch so kleine Hügel oder Berg gemeint. Auch ein Wiesen- oder Baumstück nennt der Schwabe »Burra«.

Butzamäckeler. Eine wenig appetitliche Angelegenheit. Der Butzamäckeler ist das Würstchen, das sich Kinder (und nicht nur die) aus ihrer Nase bohren oder »grubeln« und das sie dann mit Vorliebe dadurch beseitigen, daß sie es verspeisen. Siehe auch »Glonkerer« und »Rotznas«.

Fiedle. Bezeichnung für das menschliche wie auch für das tierische Hinterteil. Siehe auch »Bobo« und »Hentera«.

Gäder ist zumeist das Handgelenk, besonders dessen innere Seite, wo der Puls gefühlt wird. »Gäder« ist nämlich aus »Geäder«, Aderngeflecht, zusammengezogen. Es kann aber auch die Kniekehle darunter verstanden werden, ja, die Gesamtheit aller Adern und Sehnen. Davon leiten sich ab: »gadert« oder »gädert« = mit Sehnen oder Lederriemen verstärkt, zum Beispiel bei Schuhen, Taschen, Peitschen. »Gäderhandschuh«, »Gäderstützle« = Pulswärmer, Stößer. Man kann dafür auch die Ausdrücke »Gäderstötzla«, »Gäderstrumpfer« und »Gäderstrümpf« hören.

Gägser. Schluckauf oder Hickser. – Dazu gehört das Verb »gagsa« oder »romgagsa«. Es bedeutet stottern, aber weniger aufgrund eines Sprachfehlers; vielmehr ist der Stotternde, der »Gägser« oder »Gag-ser«, ein bißchen zu ängstlich und scheu, um das, was er auf dem Herzen hat, auch in einem Zuge offen herauszusagen. »Ha no, gags doch net so rom und sag glei, was los isch!«, stottere doch nicht so herum, sondern sage sofort, was los ist.

Gashirn (mit nasaliertem a). Mit dem Brennstoff Gas hat das natürlich nichts zu tun. Die nasale Aussprache des a verschluckt hier, wie oftmals, das n. Die erste Silbe betrifft die Gans und die zweite das Gehirn, und gemeint ist das Gänsehirn. Man sagt auch »Gäs-« oder »Geeshirn«. Damit meint man einen Zeitgenossen, der sich recht dumm stellt, um sich vor etwas zu drücken.

Glaichle. Das ist ein kleines Gelenk, zum Beispiel eines der Zehen- oder Fingergelenke.

Glonkerer. Schleim, der aus der Nase hängt. Im Gegensatz zum »Butzamäckeler« (siehe diesen) ist hier die feuchte Absonderung gemeint (siehe auch »Rotznas«).

Glotzböbbel. Glotzaugen, Stielaugen, herausquellende Augäpfel. – Wird auch gern als übertriebener Ausdruck für ganz normale Augen verwandt. »Schberr doch deine Glotzböbbel uf!«, mach doch die Augen auf; paß auf, wo du hintrittst! »Der hot da Glotzer«, sagt man von einem, der es bewußt oder unbewußt fertigbringt, eine oder auch mehrere Personen oder einen Gegenstand ungeniert anzustieren.

Gosch, Goscha. Lippen, Mund. – Zumeist nur grob und derb gemeint, außer in der Verniedlichung »Göschle«, die ganz im Gegenteil ein Kosewort gegenüber Kindern und jungen Mädchen darstellt. Eine ausgewachsene Gosch aber ist das Ziel für verbale oder physische Schläge. Einen auf die Gosch hauen, eins auf die Gosch geben. »Der hot a Gosch, ma könnt mit m Heuwaga neifahra«, er hat einen so großen Mund, daß man mit einem Heuwagen hineinfahren könnte. »Du kannsch au dei Gosch net halta«, du mußt alles ausplaudern. »Dia hot a Gosch wie a Wäschere, wie a Bettelmensch«, sie ist redselig wie ein Waschweib, wie eine Bettlerin. »Der hot a Schwertgosch«, er führt Reden, die so scharf sind wie ein Schwert. Tut er dies öfter, wird man, pars pro toto, bald den ganzen Menschen »Schwertgosch« nennen. »Die schmiert oin ällweil en dr Gosch rom«, sie verleumdet. Eine wüste, dreckige Gosch haben heißt: unflätige Reden führen. »Dui hot a große Gosch«, sie redet großspurig daher. – »Vadder, du hosch a Hoor an dr Gosch«, dir hängt ein Haar am Mund, darauf macht der Sohn den Vater aufmerksam. »Secht mr au zom Vadder seim Riassel Gosch?«, bezeichnet man Vaters »Rüssel« (ein Wort, das sowohl für die Nase als auch für den Mund Verwendung findet) als »Gosch«?, weist ihn seine Schwester ob der Verwendung des derben Wortes zurecht. »Wann er jetz ned aschdendig sen, no schlag e eich oene an Backa no, daßr nemme wissad, wianer hoeßat«, weist daraufhin der Vater seine Kinder zurecht, wenn ihr jetzt nicht anständig seid, verpasse ich euch so starke Ohrfeigen, daß ihr nicht mehr wißt, wie ihr heißt.

In bezug auf die Gosch sind Spott und Drohungen häufig. Heinz-Eugen Schramm hat folgende Aussprüche gesammelt: »Kerle, wenn du koine Aohre [Ohren] hättest, noh gäng dr d'Gosch om de ganze Grend rom!«; »Kerle, wenn mr dir e Stuck Zwiebel en d'Gosche steckt, ist dr Ochsemaulsalat fertig!«; »Halt dei Gosch, du Dickkopf, oder i schlag dr ois uf dei Riebele nuf, du Regemoloch, du!«; »Mändle, wenn de jetz dei saudomme, aogwaschene Malefiz-Gosch net hältst, schlenker de i an de nächst best Wa(n)d na, daß de d'Leichefrau mit-em Blechlöffel a'kratze muaß«; »Wenn de jetz net glei guat tuast, noh schlag-e dr ois en d'Gosch nei, daß dr d'Zäh sektionsweis em Galoppmarsch de Hals na'klapperet on em Bauch Klavier schbielet!«

Gotzger. Seufzer. – Meist wird das Wort im Zusammenhang gebraucht, und zwar: »En Drucker ond en Gotzger, ond dronta ischs!« Das bedeutet: Ein Schluck und dazu ein Seufzer, und du wirst sehen, der schlimmste Bissen geht hinunter.

Grend. Kopf von Mensch und Tier. – Ursprünglich Ausschlag mit Schorfbildung bei Kindern, und zwar auf dem Kopf. »Er hat wenig Haar aufm Kopf wegen dem Grend«, oder als Verwünschung: »Der soll die Grind kriega!« Als Bezeichnung des Kopfes wird Grend oder Grind meistens in derber Weise verwendet: Einem den Grend verschlage; eins an den Grind hauen, eins auf den Grind geben. »Mädle, komm gschwind, i nehm di beim Grind!«, komm schnell, Mädchen, ich nehme dich beim Kopf – wobei das »nehmen« sowohl bösartig als auch liebevoll gemeint sein kann. Beliebt sind Vergleiche mit der Tierwelt: »An Grind haba wie an Ochs«; »du machsch an Grind wie d Geiß, wenns donnert«; »der kriegt glei an Grend wie a Gockeler!«

Gucker. »Du hosch jo da Gucker!« sagt man zu einem, der immerfort auf eine bestimmte Stelle schaut (siehe auch »Glotzer«). »Hosch du aber amol nette Guckerle«, sagt man dagegen zu einem Kind, das schöne Augen hat. Auch ein Verliebter mag von den »Guckerle« seiner Liebsten schwärmen.

Hentera. Hinterteil. – Man hört die Mutter sagen: »I hau dir da Hentera voll!«, du bekommst Schläge auf dein Hinterteil. Oder: »Der hot au da Hentera em Gsicht«, das heißt soviel wie, daß der andere ein Vollmondgesicht hat. Oder in einer derben Auseinandersetzung: »Wenn i an Hentera hätt wie dei Gsicht, tät i mi sogar beim Scheißa schäme.« Siehe auch »Bobo« und »Fiedle«.

Hubbel. Beule an der Stirn. – Im Schwäbischen ist jede leichte Erhebung ein Hubbel, sei es auf dem Natur- oder Steinboden oder sei es eine Bodenwelle auf der Autobahn. Dazu gehört die schwäbische Redensart: »Paß uf, du Dubbel, do kommt a Hubbel!« Siehe auch »Burra«.

Jäscht. Wut, Zorn, Jähzorn. – Im Jäscht ist schon manches Unheil entstanden. Man hüte sich vor einem Schwaben, der gerade im Jäscht ist. Er kennt sich dann nicht mehr, und auf ein blaues Auge mehr oder weniger kommt es ihm gar nicht an.

Joomer. Jammer, Schmerz, Kummer, aber auch, und das besonders in ländlichen Gebieten, Heimweh. – Das Mädle, das man in die Stadt »in Dienst« schickte, hatte während der ersten Zeit ihren Joomer, ihr großes Heimweh nach Eltern und Geschwistern, Haus und Hof, Feld und Wald. Im Zeitalter der Telekommunikation und der mobilen Gesellschaft ist das Wort schon fast zum Fremdwort geworden.

Kappadach. »A Kapp« ist eine Kappe, eine Mütze mit Schild, und ein Kappendach ist gleichsam ein Dach für den Kopf in Form einer Kappe. – Geht ein Streit noch in gemäßigter Form vor sich, so heißt es: »Dir hau i dei Kappadach voll«, dich schlage ich auf den Kopf. Oder auch: »Du kriegsch eins aufs Kappadach!«

Klemmergoischt. Hausmittel gegen Rheuma. – Die großen Waldameisen nennt man im Schwäbischen Klemmer. Mit

Goischt = Geist (Weingeist) werden die Tiere in einer Flasche angesetzt, und die Flüssigkeit, die man bei richtiger Zubereitung daraus gewinnt, ist der Klemmergoischt, der sich vorzüglich zur äußeren Behandlung von Rheumatismus eignen soll. (Zum Trinken ist der Klemmergoischt allerdings nicht zu empfehlen.)

Knauppa. Hat jemand eine Ballenvergrößerung am Fußknochen der großen Zehe, medizinisch Halux genannt, so ist das, je nach Größe, entweder ein Knauppa oder ein Knäupple. Davon abgeleitet nennt man einen groben, ungeschlachten Menschen »Knauppa«. Das Eigenschaftswort »knauppich« bedeutet derblustig, humorvoll und geradeheraus. Thaddäus Troll nannte die Titelfigur in seinem Stück »Der Entaklemmer«, einen geizigen Fabrikanten, Karl Knaup.

Kompf ist eine über das Normale geratene Nase; vielleicht ist sie auch noch mit ziemlich großen Poren verziert und also nicht gerade eine Augenweide. (Siehe auch »Breschtleng«, »Zapfa« und »Zenke«.) Wenn zwei in Streit geraten, kann es leicht vorkommen, daß dabei von einer Seite das Wort fällt: »Dir hau i oine uf dein Kompf nuff!«

Kotzer ist abgeleitet von kotzen, doch hier ist der Kotzer ein schlimmer und hartnäckiger Husten. »Was hosch denn du für en Kotzer?«

Kuttel oder Kuttelwerk ist der Bauch, die Brust, einfach die ganzen »Innereien«. – »Mir duat mei Kuttel saumäßig weh«, mich schmerzt mein Oberleib. Siehe auch »Kuttla« im nächsten Kapitel.

Lällebäbbel. Ungeschickter, naiver, langsamer, träumerischer oder unbedarfter Mensch. – »Lälle« bedeutet heraushängende Zunge, häßlich verzogene Lippen; »bäbbel« kommt von babbeln, sprechen. Ein junges Mädchen schmollt, zieht also eine Schnut, hängt dabei die Unterlippe etwas herunter und murmelt unverständliche Worte vor sich hin: In diesem Fall ist das Wort, ohne böse Hintergedanken und ohne beleidigend zu wirken, angebracht. Redensarten mit »Lälle«: »Häng dei Lälle net so raus«, strecke deine Zunge nicht heraus. »Der macht a rechts Lälle hin«, er verzieht seine Lippen. »Du bischt a rechter Lällepeter« (wie Lällebäbbel). »Der hot a Gsicht wie der Lälle vo Basel«, er blickt dumm drein. »D Stier, wo hitzig anziehet, lället bald«, Stiere, die hitzig anziehen, hängen bald die Zunge heraus, das heißt soviel wie: Man muß mit seinen Kräften haushalten. Vergleiche auch »Lole«.

Lubbel. Lippe. – Hat jemand aufgeworfene Lippen, so ist das »a Lubbel«. Bekommt einer eine Maulschelle, daß dabei die Lippen anschwellen, dann hat er auch eine Lubbel, und zwar »a scheene Lubbel«.

Meggel. Kopf. – »Der hot amol en stärcha Meggel« heißt soviel wie: Er ist eigensinnig, er hat einen störrischen Kopf. Beliebter Ausdruck, wenn es hitzig hergeht: »I hau dr oine an dein Meggel no!« Diese Drohung ist aber nur halb so ernst gemeint.

Pips. Diese Hühnerkrankheit, die Geflügeldiphterie, macht es erforderlich, dem befallenen Huhn die Zunge zu schaben. Es ist unter Umständen auch mal notwendig, einem Menschen die Zunge zu schaben. Das Wort kommt von lateinisch »pituita« = Schleim. Vergleiche auch »Pfipfis«.

Ranza. Bauch. – Das Wort hat je nach Situation oder Anwendung verschiedene Bedeutung. Ranza ist der Schulranzen der Kinder. Ein wohlbeleibter Schwabe hat jedoch keinen dicken Bauch, sondern »en Ranza«; dann kommt ein »nagfressener Ranza« und schließlich der »Sauranza« (Wanst). »I hau dir da Ranza voll« heißt: Du bekommst Hiebe (Haue). Es nimmt aber niemand im Ernst an, daß er den Bauch voll Hiebe bekommt. Siehe auch »Buckelranza«.

Reißmatheis. Rheumatismus. – In Sebastian Blaus Gedicht »Februar« klagt »d Ahne« darüber.

Rotznas nennt man jemanden, der an laufendem Nasenschleim zu erkennen ist, also eine unsaubere und unordentliche Person. »Rotznas« ist aber auch ein Schimpfname für ein vorlautes Kind. Mit Rotz gibt es viele Ausdrücke und Redensarten, z. B. »Rotzrahenker«, »Rotzaff«, »Rotzbue«, »Rotzer«, »Rotzlaff«, »Rotzlöffel«. »I schlag dir aufs Maul, daß dir dr rote Rotz ralauft«, ich schlage dir so ins Gesicht, daß du Nasenbluten bekommst. »Rotz und Wasser heula« = heftig weinen. »Eim Rotz an d Backe schmiera« = schmeicheln. »Putz dei Rotznas«, putze deine (laufende) Nase. »Halt s Maul, du Rotznas«, sei still, du vorlautes Kind. Außerdem gibt es das Eigenschaftswort »rotzich« und »rotzelich« und die Verben »rotza«, »rotzla« = Speichel oder Schleim herauslaufen lassen, heulen, flennen. Siehe auch »Butzamäckeler« und »Glonkerer«.

Rufa. Gelblichbrauner Schorf oder Grind, der sich über einer Wunde bildet. Verkleinerung: Rüfle.

Sälich. Verstorben. – »Dr Christian sälich«, der tote Christian. Das Wort nimmt Bezug auf die Annahme, die oder der Verstorbene befinde sich jetzt im Reich der Seligen.

Saustallpfoschta. Dicke, unförmige Beine. – »Guck amol die Saustallpfoschta a«, sieh dir diese dicken Beine an. Die Pfosten eines Schweinestalls müssen stark und haltbar sein.

Schnellkätter. Durchfall, Diarrhöe. – Warum irgendwann einmal ein Witzbold dieses Wort Schnellkätter (schnelle Käthe) geprägt hat, läßt sich kombinieren.

Zaiha. Zehe. – »A baiser Zaihe« ist also eine böse Zehe.

Zapfa. Nase. – »Zapfa« ist eigentlich der Spund in einem Faß oder der Sauger auf einer Säuglings-Milchflasche. Spaßhalber wird das Wort auch zur Bezeichnung der Nase angewandt, besonders wenn es sich um ein prächtiges Exemplar handelt. Siehe auch »Breschtleng«, »Kompf« und »Zenke«.

Zenke. Zinken, Nase. – »An Zenka hot der, wo a a'ständigs Exemplar von dera Sort em Gsicht hot.« Auf deutsch: Einen Zinken hat derjenige, der eine besonders große Nase besitzt. Siehe auch »Breschtleng«, »Kompf« und »Zapfa«.

Über das Essen und Trinken

Wie in jeder Landschaft, gibt es auch in Schwaben typische Eß- und Trinkgewohnheiten – und natürlich regionale Küchenspezialitäten, zu denen sich erlesene Weine gesellen. Bis in die Zeit der Nouvelle cuisine waren Rostbraten, Spätzle und Maultaschen unter den sogenannten Gourmets verfemt. Mittlerweile sind sie auch in noblen Küchen rehabilitiert, und es werden in Feinschmeckerlokalen zahlreiche mehr oder weniger wohlschmekkende Variationen angeboten. Im folgenden nennen wir einige schwäbische Spezialitäten und empfehlen ein paar Rezepte zur Nachahmung, wobei wir uns auf die Inschrift im Rottweiler Spital berufen: Trink und iß, / Gott nit vergiß. / Bewahr dein Ehr, / Dir wird nit mehr / Von all deiner Hab / Dann nur ein leilach Tüch ins Grab.

Äsle. Äsle heißen »äsle«, weil sie wie ein »S« geformt werden. Es handelt sich dabei nämlich, wie bei den »Ausstecherle«, um ein beliebtes weihnachtliches Kleingebäck. – Rezept: 500 g Mehl werden auf das Backbrett gesiebt, 250 g Butter daruntergehackt, 250 g Zucker, die abgeriebene Schale einer halben Zitrone und sieben Eigelb oder drei ganze Eier darangegeben. Das Ganze hackt und knetet man nochmals und rollt dann den Teig aus, nachdem er zuvor kalt gestellt war. Aus dem etwa fingerdick gerollten Teig werden ungefähr 10 cm lange Rollen abgeschnitten, zu S geformt, wieder kalt gestellt, dann in geschlagenes Eiweiß und Hagelzuker getaucht und bei mittlerer Hitze auf einem wenig gefetteten Blech gebacken.

Ausstecherle. Sie gehören zum weihnachtlichen Kleingebäck und sind im Schwäbischen besonders beliebt. – Rezept: 100 g Butter, 200 g Zucker und zwei Eier werden schaumig gerührt; dann gibt man ein Päckchen Vanillezucker, 500 g Mehl, zwei Löffel Milch und ein Päckchen Backpulver bei, knetet den Teig und stellt ihn kalt. Danach werden kleine Teigstückchen ausgewellt und die verschiedensten Formen ausgestochen, auf ein gefettetes Blech gesetzt und gebacken.

Bachstoikäs. Backsteinkäse ist ein beliebtes Vesper. Er ist quaderförmig und heißt schriftdeutsch Limburger. Der Bachstoikäs schmeckt besonders gut zu einer Flasche Bier oder Most (siehe »Mooscht«). Da er gern von Bauarbeitern verzehrt wird, hat er sich auch den Namen »Maurerkotlett« erworben.

Bäradreck. Lakritze. – Die Kinder kauften Bäradreck, echten Süßholzextrakt, früher in der Drogerie oder auf dem Jahrmarkt.

Beete haben nichts mit Gartenbeet und auch nichts mit Roten Beeten zu tun. Es sind viereckige, mit Obst oder Rahm belegte Kuchen.

Besawirtschaft. Im Herbst, zur Zeit der Weinernte, werden Ginster- oder Tannenzweige (»Besa«) an den Privathäusern der

Bäradreck

Weingärtner angebracht. Das bedeutet, daß hier der alte Wein ohne Konzession ausgeschenkt wird, weil man leere Fässer für die neue Ernte braucht. Früher wurden die Gäste dazu in die Wohnung der Wengerter geladen, heute haben die meisten Weinbauern einen Kellerraum entsprechend ausgebaut. Auch im Frühjahr öffnen Besawirtschafta; dann wird der neue, jedoch schon vergorene Wein verkostet.

Biraschnitz. Getrocknete Birnenschnitze, »Hutzla« (siehe auch »Schnitzbrot«).

Blonza ist die Bezeichnung für die Blutwurst, die man um wenig Geld beim Metzger kaufen kann; man ißt sie vor allem gern zu Sauerkraut. – Es werden aber auch besonders wohlbeleibte Frauen Blonsa genannt.

Bombo, Bombole. Bonbons aller Geschmacksrichtungen. »Geb mir au eins von deine Bombo«, gib mir eines deiner Bonbons. »Des Bombole isch aber sauer«, dieses Bonbon ist aber sauer.

Brezel. Eine Brezel kennt jeder. Aber die Laugenbrezel (Mehrzahl: »Brezla« oder »Brezga«) ist eine schwäbische Spezialität. In fertig geformtem Zustand, also ungebaken, wird sie in eine Laugenlösung getaucht und dann mit grobem Salz bestreut und gebacken. Mit Butter bestrichen, möglichst noch in warmem Zustand, schmeckt sie so gut, daß man süchtig danach werden könnte. Beliebt sind auch die Neujahrsbrezeln und die Osterbrezeln, die, etwa 20 bis 50 cm groß, aus gesalzenem Hefeteig hergestellt sind. Der »Brezgabua« ist leider ausgestorben. Er war ein Bäckerlehrling, der Brezeln, Brötchen, Semmeln und sonstiges Backwerk in die Haushaltungen gebracht hat.

Briahle. Dieses Wort rührt von »Brühe« her. – »A guats Briahle« bezieht sich sowohl auf eine kräftige Fleischbrühe, einen guten Bohnenkaffee als auch auf ein gutes Seifenwasser. »A bees Briahle« ist alles, was schwach, verwässert, dünn, schlecht zubereitet ist. Demgemäß wird ein schlechter Wein, zum Beispiel ein »Semsagräbsler« (siehe dort), auch als »a bees Briahle« bezeichnet. Ältere Schwaben kann man sagen hören: »A Rühle geht über a Briahle«, eine Ruhepause ist noch besser als eine gute Suppe. (Siehe auch unter »Schnitzbriah«.)

Brotwasser. Zu den klassischen schwäbischen Weinen zählt ein Remstäler, das »Stettener Brotwasser«. Mit dem Namen hat es folgende Bewandtnis: Eine adelige Dame, die nicht nur schlechte Zähne besaß, sondern offensichtlich auch keine Lust hatte zum Brotkauen, dafür aber Lust zum »Viertelesschlotzen«, wurde eines Morgens als Liebhaberin des Gottes Bacchus entlarvt. Man hatte entdeckt, daß sie zum Frühstück zerbröckeltes Anisbrot mit einem süffigen Remstäler übergoß und dies als Morgentrunk genoß. Vor den Leuten tat sie jedoch unschuldig wegen dieses Getränks. Was sie trinke, sei ihr »Brotwasser«, sie könne nun einmal ihr Anisbrot nicht trocken kauen.

Butter. Im Schwäbischen besitzt dieses Nahrungsmittel männlichen Charakter: *der* Butter. Wenn das Buttermachen (»Buttera«) gelingt, so heißt das: »s goht aus«. Daher rührt die Redensart: »s goht aus ohne Butter«, es war erfolglos. »Eim Butter aufs Brot streicha«, jemanden für etwas gewinnen. »Oms Geld kauft mr da Butter«, nichts ist umsonst. »S regnet net älle Tag Butter in Brei«, es geht nicht immer gut. »S isch a Wetter wie Butter; ma könnt Schmalz aussieda«, es ist heiß. »Der stellt da Butter onter d Bank«, der will niemanden wissen lassen, daß er die teure Butter verwendet. »Kuadreck ond Butter hent oi Mueter«, das Hoch- und das Minderwertige entstammen einer Quelle.

Cannstatter Zuckerle. Ein Liebhaberwein, der an den Neckarhängen bei Bad Cannstatt wächst, wie Süßigkeiten direkt ins Blut geht und von Kennern andächtig »geschlotzt« wird, mit und ohne Zwiebelkuchen. Er ist ein Beweis mehr dafür, daß man die Württemberger Weine nicht als Säuerlinge abtun darf.

Flädla. »Das sind doch Pfannkuchen«, meinen die Nichtschwaben, doch sie haben sich getäuscht. Flädlesteig ist, wie Crêpeteig, dünner als Pfannkuchenteig, und so sind die Flädla auch dünner als Pfannkuchen und eignen sich darum (fein geschnitten) gut als Suppeneinlage (Flädlessuppe).

Gerstle. Besitz, Vermögen. – S Gerstle versaufa = sein Hab und Gut vertrinken; erinnert noch an die bäuerliche Feldarbeit (Gerste).

Gfräß. Ein Gfräß ist ein Essen, das schlecht zubereitet und demnach ein Fraß, aber kein Essen für einen Menschen ist.

Gsälz. Marmelade, freilich nicht die gekaufte Konfitüre. Die Schwäbin macht ihre Marmelade, ihr Gsälz, selbst, und sie nimmt so ziemlich jede Obstsorte dazu, einzeln oder auch zwei oder drei Sorten zusammen. Das Einkochen ist beinahe eine heilige Handlung, für die viel Zucker und Brennmaterial verwandt wird. Das Wort rührt daher, daß früher zur Konservierung Salz verwandt wurde.

Guatsle ist das einzelne Stück eines kleinen Gebäcks; der Sammelbegriff lautet »Guatsla«. Für den Schwaben sind »Gutsla« aber eigentlich nur das Weihnachtsgebäck. – Es gibt Ausstecherla, Äsla, Vanillbrötla, Lebkucha, Zimtstern, Springerla, Pomeranzabrötla und so weiter. (Rezepte finden sich in jedem guten, vor allem schwäbischen Kochbuch.) Es ist der Stolz der schwäbischen Hausfrau, eine große Auswahl für ihre Lieben an Weihnachten auftischen zu können und natürlich alles selbst zu backen. (Gekaufte Guatsla sind für sie Kekse und Kleingebäck.) Wenn Kinder im Hause sind, wird auch der Christbaum mit Guatsla behängt.

Gugelhopf. Napfkuchen. – Aus 625 g Mehl, einem halben Liter lauwarmer Milch, in der 125 g Butter zergangen sind, vier Eiern, zwei Eßlöffel Zucker, etwas Salz und 50 g Hefe wird ein Teig geschlagen und warm gestellt. Wenn er gegangen ist, »schlägt« man ihn noch einmal, fügt 125 g Rosinen dazu und gibt ihn in eine mit Butter bestrichene, mit Weckmehl bestreute Form. Dann läßt man ihn etwa eine Stunde in der Wärme gehen und backt ihn im gut warmen Herd etwa eine Dreiviertelstunde.

Gurkagmüs. Gurkengemüse. – Diese schwäbische Spezialität ist fast in Vergessenheit geraten, weil sie nicht gerade leicht verdaulich ist. Sie wird aus Salatgurken und einer braunen Soße bereitet, wie es 1892 Elise Henle in ihrem vor kurzem neu aufgelegten, gereimten schwäbischen Kochbuch »So mag i's« beschrieben hat:

»Hobelscht greane Gurka fei, grad wia zum Salat, und nô salzscht se tüchtig ei – sei mer no acc'rat! Brenn die nô a Mehle ei im a Schmalz, wenn's heiß ischt; tuscht a Stückle Zucker nei, daß es net so weiß ischt. Mach's recht donkel, laß dir's weise, schütt an Essig dra und a Fleischbrüh, recht a heiße, rühr mer's glatt fei a! Nacher salzscht's und pfefferscht's tüchtig, schneidescht Zwiebel nei, auch a Lorbeerblatt ischt wichtig, Nägela sind fei! A Zitronarädle dra! Gibt an guta Gschmack; 's fragt se eba, ob dei Ma au des Gschmäckle mag! In e anders Kächele seihscht des Mehle nei – weischt, des send so Sächele, des will älles sei! –, aber erscht, wenn's mit de Sacha kocht hat donderschlächtig; und recht dick muscht's Mehle macha, nachher schmeckt dir's prächtig. Druck dic Gurka tüchtig aus, sell vergeß mer nia, denn des Salzwasser muß raus, d'Gurke ziaget Brüh. – Koch se in dem Mehle mit, aber merk dir's, Kendle, länger no beileibe nit wie a Viertelstendle. – Jedermann kann's net vertraga – sell liegt auf der Hand, narr, mer braucht en guata Maga oft zu ällerhand. Net no zu de Gurka eba, noi! dô wirscht no gucka, Mädle, au as Ehstandsleba hat oft seine Mucka!«

Hefekranz. Großes, kranzförmiges Backwerk aus Hefenteig. – Zutaten: Ein Kilo Mehl, 40 g Hefe, eine Prise Zucker, drei Achtel Liter (375 ml) Milch, 120 bis 200 g Fett, 150 g Zucker, ein Eßlöffel Salz, abgeriebene Schale von einer halben Zitrone, zwei Eigelb, 50 g Sultaninen. – Zubereitung des Teiges wie beim Gugelhopf. Dann wird der Teig in drei gleiche Teile geschnitten, aus denen man lange Würste formt, die man von der Mitte aus nach beiden Seiten flicht und zum Kranz schließt. Diesen Kranz legt man auf ein rundes Kuchenblech. Damit der Hefekranz kein Hefefladen wird, stellt man in die Mitte eine kleine, gefettete Schüssel, und zwar umgekehrt, also mit dem Rand nach unten. Nun läßt man den Teig noch einmal ganz kurz gehen, dann bestreicht man den Zopf mit Eigelb, bestreut ihn mit Hagelzucker und Mandeln und bäckt ihn bei 200 °C eine Dreiviertelstunde.

Heidenheimer Klöße. Man schneidet vier trockene Brötchen (vom Vortag) in Würfel und übergießt sie mit ganz heißer Milch, bis sie sich vollgesaugt haben. Danach bringt man kleingeschnittene Zwiebel, Petersilie und Lauch, die man in 30 g Butter gedämpft hat, dazu. In einem Topf quirlt man acht Eier und gibt sie zu der Masse. Vorsichtig mengt man 375 g Mehl hinein, formt faustgroße Klöße und siedet sie in Salzwasser. Zum Schmälzen halbiert man sie.

Hutzla. Getrocknete und deshalb »verhutzelte«, das heißt zusammengeschnurrte Birnenstücke. – Siehe auch »Schnitzbrot«.

Kartoffelsalat. Es ist ein weitverbreiteter Irrtum, die Schwaben äßen nur Spätzle und kennten die Kartoffel nicht. Sie ist hier, im Gegenteil, vermutlich sogar schon länger heimisch als in Preußen. Vor allem aber wird sie in Schwaben (wie in Frankreich) als das behandelt, was sie ist, nämlich eine Gemüsesorte. Das heißt, es kann als Beilage zu einem Braten durchaus Kartoffeln *und* Spätzle geben. Im Neckarland heißen Kartoffeln »Ebbira«, auf der Ostalb »Grumbira«, auf der mittleren Alb »Eibira«, auf der Zollernalb »Erdepfl« oder »Jardepfl« und in Oberschwaben »Bodabira«. – Viele schwäbische Spezialitäten basieren auf der Kartoffel, zum Beispiel Bubaspitzla (Schupfnudeln, das sind gerollte Kartoffelwürstchen), Gaisburger Marsch (ein sehr dünner Eintopf, besser: eine Suppe, die man als Hauptgericht ißt; in eine Fleischbrühe werden Siedfleisch, Kartoffeln und Spätzle eingelegt), Berches (eine Brotsorte, deren Teig teilweise aus Kartoffeln besteht) und der schwäbische Kartoffelsalat. Er unterscheidet sich vom norddeutschen Kartoffelsalat dadurch, daß die Schwaben ihn ohne Mayonnaise anmachen, ihn an Festtagen mit kleinen, ausgelassenen Speckwürfeln verfeinern und ihn am liebsten lauwarm essen.

Kipf ist ein Gebäck wie eine Semmel, allerdings in länglicher Form. Kipf werden aber auch Leute »geschumpfen«, die schwer von Begriff sind.

Kirbe. Kirchweihfest. – Die Kirbe ist ein ländliches Fest aus kirchlichem Anlaß, das in fast allen württembergischen Dörfern gefeiert wird, und zwar meist im Oktober (Erntedank). Mit viel Musik, Festzügen, Tanz, Volksbelustigung (Schiffschaukel, Karussell, Schießbuden), gutem Essen und Trinken wird oft drei Tage gefeiert. Ein oder mehrere Viertele vom »Neuen« (neuen Wein) und Zwiebel- oder gesalzene Rahmkuchen (»Kirbekucha«) spielen dabei eine bedeutende Rolle. Die Krönung ist das Cannstatter Volksfest, das jedoch nie einen Bezug zur Kirche hatte, sondern durch König Wilhelm I. von Württemberg in Verbindung mit dem landwirtschaftlichen Hauptfest als Dank an seine Bauern ins Leben gerufen wurde.

Kletzabrot. Schnitzbrot (siehe dort). – »Kletze« ist österreichisch und bedeutet getrocknete Birne. Im Schwäbischen kann »Kletzabrot« aber auch mit »kletz« (= klebrig) zusammenhängen. So sagt man etwa: »Der hot kletze Hend«, er hat klebrige Hände.

Kneisle ist der Anschnitt oder der letzte Rest eines Brotlaibs. Der Schwabe liebt das Kneisle, weil es etwas größer ausfällt als die übliche Schnitte und meist besonders knusprig ist. (Vergleiche auch »Riebele«.)

Knöpfla. So werden in Oberschwaben und im Allgäu die Spätzle genannt, die dort meist auch etwas dicker, knopfförmiger, ausfallen. Es gibt auch Knödel und Klößchen, die »Knöpfla« heißen. Einen »Knopf« hingegen gibt es nur in Bairisch-Schwaben, wo man darunter eine Art Gugelhupf (Napfkuchen) versteht.

Kuttla. Kaldaunen, Gekröse. – Anderwärts werden die Bauch- und Magenwände von Schlachttieren allenfalls zu Hundefutter verarbeitet; in Schwaben kommen sie unter dem Namen »Kuttla« in einer wohlschmeckenden Soße auf den Tisch. Das Rezept: Die sauber gewaschenen Kuttelflecke (vom Metzger gewöhnlich schon in dünne Streifen geschnitten) werden in kochendes Salzwasser gelegt und mit einigen Zwiebeln, Gelberüben (Karotten) und einem Lorbeerblatt zusammen weichgekocht. Nun bereitet man entweder eine stark goldfarbene Mehlschwitze, füllt mit Fleischbrühe auf, gibt die Kuttelstreifen dazu, läßt das Ganze noch etwas kochen und zieht die Soße dann mit einem Eigelb ab. Oder man macht eine braune Mehlschwitze aus drei Eßlöffeln Mehl, 60 g Butter und feingeschnittener Zwiebel, füllt mit Fleischbrühe auf, würzt mit Essig, Salz, einem Lorbeerblatt und einer Gewürznelke und gibt zum Schluß noch einen kleinen Schuß Wein dazu. Das zweite Rezept ist unter dem Namen »Saure Kuttla« bekannt.

Lensa. Linsen. – Der Schwabe ißt sie nicht in Form eines Eintopfs, sondern als »Lensa ond Spätzle«, das heißt gekochtes und mit einer dunklen Mehlschwitze angedicktes Linsengemüse, dazu (oder daruntergemischt) Spätzle. Als »Beilage« werden dazu ein Stück Rauchfleisch und/oder ein Paar Saitenwürste serviert.

Lit. Most (und zwar ein Liter). – Siehe »Mooscht«. Unter »Litgeb« versteht man den Most-Schenken.

Luckeleskäs. Quark. – »Luck« heißt locker; Luckkäs, Lockerkäse, müßte es eigentlich heißen. Aber der Schwabe liebt es nun einmal, überall sein »-le« anzubringen. – Nun ist Quark aber gar nicht so locker. Richtiger dürfte deshalb die Erklärung sein, daß »Luckeleskäs« die Nahrung ist, mit dem die »Luckela« (junge Hähne und Hühnchen, auch »Biberla« genannt) gefüttert werden. So hat Theodor Häring, der Tübinger Philosoph, das Wort gedeutet.

Maultaschen. Eine schwäbische Nationalspeise, die vor allem am Gründonnerstag landauf und landab gegessen wird. An diesem Tag soll ja eigentlich gefastet oder zumindest vegetarisch gekocht werden. Weil Schwaben aber so gern Fleisch essen, haben sie ein Gericht erfunden, in dem das Fleisch so gut versteckt ist, daß es nicht einmal der Herrgott sieht. – Die Maultaschen werden auch in Metzgereien en gros hergestellt, aber am besten schmecken sie selbstgemacht. Jede Familie hat ihr eigenes Rezept. Hier sind die Schwaben der Tradition verbunden, und dann heißt es: »Also mir machet se so wie onser Großmutter.« – Und so isch mei Rezept: Nudelteig (nach Kochbuch) von zwei Eiern. Fülle (Füllung): 200 g Fleischreste, rohes gehacktes Schweinefleisch oder Bratwurstbrät, vier »albachene« (trockene) Tafelbrötchen, geschnittene Zwiebeln, Petersilie, Lauch, zwei bis vier Eier, 250 bis 300 g Spinat, 50 g Rauchfleisch, Speck oder geräucherte Wurst, Muskat, Salz, Butter zum Dämpfen. – Vom Nudelteig wellt man Nudelkuchen aus, den man halb trocknen läßt. Die »Fülle« wird auf den Teig aufgetragen, im Abstand von jeweils etwa sieben Zentimetern ein schmaler Rand frei gelassen, den man mit etwas Wasser oder Milch und »verkleppertem« (gerührtem) Ei bestreicht. Die andere Hälfte des Nudelteigs wird darübergebreitet, und die Ränder werden fest zusammengedrückt. Man teilt die Maultaschen in Rauten, rädelt sie ab und kocht sie langssam in Fleischbrühe oder Salzwasser (zehn bis fünfzehn Minuten).
Da die Maultaschenherstellung sehr aufwendig ist, nimmt man eine reichliche Menge. Dann gibt es als Vorspeise »Maultaschen in der Brüh« (in Fleischbrühe eingelegt), als Hauptgericht »gschmälzte Maultaschen« mit einem gut »geölten« Kartoffelsalat und am Tag darauf »gröschte Maultaschen«, geröstete Maultaschen mit Ei.

Memminger Brot. Auch dieses Kuchenbrot stellt eine Besonderheit schwäbischer Backkunst dar. – Man macht zunächst in der Mitte von zwei Pfund Mehl einen Vorteig aus 40 g Hefe und etwas lauwarmer Milch. Dann schafft man 125 g Zucker, 2 Eier, 60 g grobgeschnittenes Zitronat, etwas Rosenwasser, Milch und 150 g weiche Butter zu einem festen Teig zusammen. Dieser Teig wird in zwei Teile geteilt, zu zwei Broten geformt, die man in der Wärme gehen läßt, mit Ei bestreicht und dann backt.

Metzelsupp. Wo ein Schwein geschlachtet wird, gibt es nicht nur viel Arbeit, sondern meist auch ein Schlachtfest, bei dem die Brühe, in der das Fleisch gekocht und die Würste bereitet wurden, die »Metzelsupp«, eine große Rolle spielt. Nicht allein die schwäbischen Mundartdichter haben sich über die gastronomischen Werte der Metzelsuppe ausgelassen, auch ein klassischer Dichter wie Ludwig Uhland hat sich mit seinem 1814 verfaßten »Metzelsuppenlied« als Sachkenner vorgestellt.

Wir haben heut nach altem Brauch
Ein Schweinchen abgeschlachtet –

so beginnt das Lied, das erst am Tag nach der Prozedur endet:

So säumet denn, ihr Freunde, nicht,
Die Würste zu verspeisen,
Und laßt zum würzigen Gericht
Die Becher fleißig kreisen!
Es reimt sich trefflich:
Wein und Schwein,
Und paßt sich köstlich:
Wurst und Durst,
Bei Würsten gilts zu bürsten ...

Milch, gestandene. Sauermilch, die man selbst herstellt. Die süße Milch läßt man so lange stehen, bis sie dick und sauer wird. Das funktioniert aber nur, wenn sie nicht vorher pasteurisiert wurde, wie es heute in allen Milchabfüllbetrieben geschieht. Man braucht also eine »echte« Milch direkt von der Kuh dazu. – Schwäbinnen machen nicht nur Käse-, sondern auch Gestandene-Milch-Kuchen. Nach einer weitverbreiteten Redensart kann man Milch auch noch auf andere Weise sauer werden lassen: »Der macht a Gsicht, daß d Milch sauer wird!«

Mooscht. Most, Apfelwein. – »Räs«, das heißt herb vergorener und darum alkoholhaltiger Saft aus Äpfeln und Birnen. Nach boshaften Überlieferungen sollen vordem die schwäbischen Säuglinge mit Most statt mit Milch aufgezogen worden sein. Tatsache ist, daß man Schnuller oft in Most getunkt hat, was das Einschlafen beförderte, und daß in vielen bäuerlichen Haushalten Mooscht wie Saft, also auch von Kindern, getrunken wurde. Einem prächtigen Spruch über dieses Leib- und Magengetränk der Schwaben hat Theodor Haering in seiner Rede auf Alt-Tübingen 1934 ans Licht verholfen: »Wenn i moin Mooscht ha, no laß i s bescht Bier steha ond trenk Wei.«

Ofaschlupfer. Ein vortrefflich schmeckender schwäbischer Auflauf nach folgendem Rezept: Sechs »albachene«, trockene Brötchen, zwei bis drei Eier, 150 g Zucker, etwas abgeriebene Zitronenschale und Zimt, etwa ein halber Liter Milch, 50 g Butter, 500 g Äpfel, Sultaninen, Mandeln oder Nüsse nach Belieben. Die Wecken schneidet man in Scheiben und übergießt sie mit einem Viertelliter warmer Milch. Die Äpfel werden geschält, vom Kernhaus befreit und in Scheiben geschnitten. Nun legt man in eine gefettete Auflaufform abwechselnd eine Schicht Brötchen, eine Schicht Äpfel, Zucker, gibt Butterflöckchen dazwischen und etwas geriebene Zitronenschale. Die letzte Schicht muß aus Brötchen bestehen. Darauf verquirlt man Eier, Zucker, eine gehäufte Messerspitze Zimt und Milch, gießt dies über den Auflauf, streut Weckmehl und Butterflöckchen darauf und backt ihn bei guter Hitze etwa 45 Minuten. Als Zugabe eignet sich Vanillesauce oder Kompott. Statt Äpfel kann man auch 100 g über Nacht eingeweichte, getrocknete Aprikosen verwenden.

Rachabutzer. Bezeichnung für einen Wein, der nicht viel taugt. Beim Frühschoppen kann man (im Spaß) gelegentlich einen Schwaben fragen hören: »Was trenkscht denn do für en Rachabutzer?« Er will wissen, welche Sorte Wein der andere für sich bestellt hat.

Rälling, Räller. Kater, Katzenjammer. – »Dr Rälling isch sei Vetter«, er ist Alkoholiker. Daneben ist ein Rälling ein männlicher Hase (Rammler), auch ein Kater. Führt der Bauer den letzten Heuwagen ein, so spricht er davon, daß er den Rälling hole.

Riebele. Beliebte Bezeichnung für den Brotanschnitt oder das letzte verbleibende Ende eines Brotlaibes (siehe auch »Kneis-

le«). Es gibt außerdem eine Suppeneinlage dieses Namens, die man zur Bereitung von »Riebelessupp« verwendet.
Diese Riebele werden folgendermaßen hergestellt: Man fügt zu einem verrührten Ei etwas Salz und gerade soviel Mehl, wie es aufschluckt, und knetet einen festen Nudelteig, reibt diesen auf dem Reibeisen stets nach einer Seite zu kleinen Würstchen (Riebele) und läßt sie auseinandergebreitet ein wenig abtrocknen. Dann gibt man die kochende Fleisch- oder sonstige Suppenbrühe darüber und läßt das Ganze noch etwa acht Minuten köcheln (also sanft kochen).

Rohm. Rahm, Sahne. – »Rohm aneamma« heißt die Milch abrahmen. »Schlagrohm« ist bei den Schwaben die Schlagsahne.

Säle. Gebäck. – »D Säl« ist die schwäbische Seele. »A Säle« ist also ein Seelchen. Der Name für das Gebäck rührt daher, daß es früher katholische Paten ihren Patenkindern zu Allerseelen schenkten, damit diese für die armen Seelen beteten. Interessanterweise kennt Schwaben zwei verschiedene »Sälen«. In Oberschwaben und zunehmend auch im Unterland besteht die »Säle« aus Schwarzmehl und ist mit Salz und Kümmel bestreut; auf der Alb und traditionell im Neckarland ist sie aus Weißmehl (Schnekennudelteig) und mit Zucker bestreut. Bei beiden war die Form dem einzelnen Bäcker überlassen, eben wie er sich eine Seele vorstellte, sofern man sich darunter überhaupt etwas vorstellen kann. Meist gerät die Seele oval und flach.
Nach einem Rezept von Luise Löffler braucht man zur süßen Säle: 500 g Mehl, 125 g Butter, zwei Eier, 60 g Zucker, 25 bis 30 g Hefe, etwas Rosenwasser und Milch nach Bedarf. – Man macht einen Vorteig, läßt ihn in der Wärme gehen und rührt dann die schaumige Butter samt den übrigen Zutaten in den Teig. Dieser soll so dick sein wie ein Dampfnudelteig. Danach läßt man ihn nochmals gehen und formt dann die Seelengebilde daraus. Meist legt man zwei Teigstreifen kreuzweise übereinander. Wenn sie fertig gebacken sind, werden sie mit einer Zuckerglasur bestrichen.

Schillerlocken. Ein mit Schlagsahne gefülltes tütenförmiges Blätterteiggebäck, das früher eine Spezialität bestimmter Stuttgarter Cafés war (zum Beispiel Talmon-Gros).

Schnitzbriah. Schnitzbrühe ist ursprünglich die Brühe aus Kohlstrunk-Schnitzeln, die man als Schweinefutter verwendete. »Schnitzbriah« wird darum jedes dünne Getränk genannt, aber auch alles, was nicht vorschriftsmäßig oder gar lieblos zubereitet ist (siehe auch »Briahle«). Die recht eigentümliche Charakterisierung dafür im Volksmund heißt: toujours l'amour!

Schnitzbrot. Früchtebrot. – Auch Hutzelbrot genannt. Im Schwabenland wird dieses Gebäck, das in der Form größerer oder kleinerer Brotlaibe gemacht wird, besonders um die Weihnachtszeit hergestellt.

Weinbeer, Mandeln, Sultaninen,
süße Feigen und Rosinen,
welsche Nüsse, feingeschnitten,
Zitronat auch, muß ich bitten,
Birnenschnitze doch zumeist
und dazu den Kirschengeist –
wohlgeknetet mit der Hand
alles tüchtig durcheinand
und darüber Teig gewoben –
Heißa! das muß ich mir loben,
solch ein Brot kann's nur im Leben
jedesmal zur Weihnacht geben.

Zutaten: 500 g Mehl, 500 g gedörrte Birnen (»Hutzla«), 500 g Zwetschgen, 500 g Feigen, 250 bis 500 g Nüsse, 50 g Zitronat und Orangeat, 250 bis 500 g Sultanien oder Rosinen (»Zibeben«), etwas Zimt, Nelken, Anis, Fenchel, Zitronenschale, ein kleines Glas Kirschwasser, 100 g Zucker, 1 Teelöffel Salz, 30 bis 40 g Hefe. – Birnenschnitze und Zwetschgen werden je für sich in Wasser eingeweicht und halb weich gekocht, Feigen nur eingeweicht. Darauf wird alles grob geschnitten. Rosinen oder Sultaninen werden verlesen und warm gewaschen. In der Mitte des Mehls macht man mit der Hefe einen Vorteig und läßt ihn gehen. Dann bereitet man mit Salz und dem Kochwasser der Birnen einen ziemlich festen Teig, knetet ihn gut und gibt die mit Mehl vermengten Früchte und alle anderen Zutaten, wie gemahlene Nüsse, Gewürze und so weiter, darunter. Nach nochmaligem Gehen formt man Laibchen, setzt diese auf ein gefettetes Blech und läßt sie abermals gehen. Vor dem Backen verziert man sie nach Belieben mit geschälten Mandeln und bestreicht sie ein wenig mit Dörrobstbrühe. Dann wird das Schnitzbrot im heißen Ofen gebacken. Ehe es ganz fertig ist, sollte es nochmals mit Schnitzbrühe bestrichen werden.

Eine Abwandlung ist das *Hutzel-* oder *»Kletzenbrot«:*
Zutaten: gut 500 g Hutzeln oder Kletzen (das sind ungeschälte, getrocknete Birnen; falls die nicht zu haben sind, kann man auch getrocknete Pfirsiche oder Rosinen und Sultaninen nehmen), 75 g gehackte Mandeln, 125 g Rosinen, 125 g Korinthen, 125 g Kranzfeigen, 25 g Zitronat, 25 g Orangeat, 200 g getrocknete Zwetschgen, 125 g Haselnüsse, vier Eßlöffel Kirschwasser oder Rum, 500 g Schwarzbrotteig (vom Bäcker besorgen), ein halber Teelöffel gemahlener Anis, ein gestrichener Eßlöffel ganzer Koriander, eine halbe Messerspitze gemahlener Pfeffer, eine Messerspitze gemahlene Nelken. Teig zum Einwickeln der Brote: 250 g Mehl, 10 g Hefe, ein Teelöffel Zucker, ein Achtel Liter Milch, 20 g Fett, Salz.

Zubereitung: Birnen einweichen, im gleichen Wasser weichkochen und abgießen. Brühe aufbewahren. Birnenstiele und -blüten abschneiden und die Birnen in Würfel schneiden. Mandeln, Rosinen, Korinthen, geschnittene Feigen, das geschnittene Zitronat und Orangeat und die eingeweichten, entsteinten und kleingeschnittenen Zwetschgen mischen. In Kirschwasser oder Rum eingelegte Haselnüsse zugeben. Schwarzbrotteig mit den Gewürzen gut durchkneten; dann kommen alle Früchte dazu. Mehl darüberstreuen und beim Kneten immer etwas Mehl nachschütten. Fünf bis sechs Brotlaibe aus dem Teig formen. – Hefeteig: Mehl in eine Schüssel sieben. Mit Zucker und lauwarmer Milch verrührte Hefe, Fett, Salz und noch etwas Milch zugeben. Teig kneten und aufgehen lassen, dann in fünf oder sechs Teile schneiden und ausrollen. Darauf werden die Brotlaibe in den Hefeteig gewickelt, auf ein bemehltes Blech gelegt, mehrmals mit der Gabel eingestochen und mit Hutzelbrühe bestrichen. Bei Mittelhitze etwa eine Stunde bis 80 Minuten backen. Nach dem Backen heiß nochmals mit Hutzelbrühe überstreichen. – Dieses Brot backt man acht bis 14 Tage vor Weihnachten.

An Schoppa Wei

Schoppa. Ein halber Liter. – Wenn das Kleinkind seine Flasche bekommt, ist dies auch ein »Schoppa« – unabhängig von der Milchmenge. Der Stammgast bestellt, wenn er in seiner Wirtschaft erscheint, einen »Schoppa«, er sagt also: »Breng mr en Schoppa Bier!« Auch beim Wein war das übliche Trinkmaß bis in die zwanziger Jahre unseres Jahrhunderts der »Schoppa«, dann wurde es vom »Viertele« abgelöst. Der Gastwirt Otto Wünsch aus dem Weinort Uhlbach, der heute zu Stuttgart gehört, kommentierte die Umstellung damals trocken: »Mr ka da Wei au vollends aus de Fingerhüt drenka«, man kann den Wein auch vollends aus Fingerhüten trinken. Allerdings geben auch heute noch sechs »Viertele« (keine Seltenheit!) drei wirkliche »Schoppa«.

Schorlemorle. Getränk aus Wein und Mineralwasser oder Limonade, auch kurz »Schorle« genannt. Dabei wird in Schwaben spezifiziert; man bestellt »a Schorle weiß sauer« und meint damit ein Mischgetränk aus Weißwein und »saurem Sprudel«, geschmacksneutralem Mineralwasser.

Schuopet. Kruste von Gebackenem, beim Sauerkraut das beim Dämpfen entstandene Gebräunte.

Semsagräbsler. Wein, den man ruhig als Säuerling ansprechen darf. – Der Name hat seinen Ursprung bei jenen Rankreben, die noch heute manchmal an den Häusern hochgezogen werden und an den Fenstergesimsen entlangranken, entlangklettern. »Semsa« = Gesims, »gräbsla« = klettern. Der Tübinger Germanist Hermann Fischer (1851–1920), der die Hauptarbeit am großen »Schwäbischen Wörterbuch« leistete, verstand darunter »Kunstmost«.

Spätzle. Dieses schwäbischste aller schwäbischen Gerichte findet man heute in jedem Kochbuch. Es gibt gekaufte, handgeschabte, durchgedrückte, geschmälzte, geröstete Spätzle, Spinat-, Leber-, Käs- und andere Spätzle. Eine schwäbische Hausfrau macht (natürlich!!) handgeschabte Spätzle. Ehrensache!

Springerla. Weihnachtsgebäck, dessen oberer Teil durch Ausformung eines Models entsteht und ein Bild zeigt. – Der Ursprung der Springerle findet sich in der germanischen Mythologie. Wie bei den Griechen konnten auch bei den Germanen die Götter Tiergestalt annehmen. Balder, der Gott des Lichts, dem nach der Wintersonnwende und den zwölf heiligen Nächten (Weihnachten) besondere Bedeutung zugemessen wurde, trat in Tiergestalt als Hirsch auf. Der weiße Hirsch, wie man ihn sich gewöhnlich vorstellte, hieß auch der Springer. Das uranfängliche Bild des Springerlesmodels zeigte den Hirsch. Balder, dem Sinnbild des Lichts, der aufsteigenden Sonne, war das Backwerk in den »wihu nachtu« (Weihnachtszeit) geweiht. Die Springerlesformen (»Model«) bestehen aus Holz, aus dem allerlei Figuren und Bilder ausgeschnitzt sind, die sich dann auf dem fertigen Gebäck sehr hübsch ausnehmen.

Für Springerle gibt es viele Rezepte; zwei seien hier wiedergegeben:

Rezept I: 500 g Zucker, vier Eier, 500 g feinstes Mehl, etwas abgeriebene Zitronenschale, eine Messerspitze Pottasche, Anis. – Man schlägt den Eischnee, mengt Eigelb und Zucker darunter und rührt die Masse eine Dreiviertelstunde lang schaumig, gibt Pottasche und Mehl darunter, knetet den Teig und läßt ihn eine Stunde ruhen. Dann wellt man ihn fünf Millimeter dick aus, drückt ihn in den Springerlesmodel, schneidet die ungeraden Ecken ab und setzt das »abgezogene Bild« auf ein mit Anis bestreutes Blech. Man läßt das Gebäck über Nacht stehen, damit es abtrocknet; dann wird es in schwacher Hitze gebacken.

Rezept II: zwei Eier, 200 g Puderzucker, ein Päckchen Vanillezuker, etwa 275 g Mehl, eine Messerspitze Backpulver, Anissamen. – Eier mit dem Schneebesen oder Rührgerät schaumig schlagen, nach und nach Zucker und Vanillezucker zugeben, den Teig etwa 15 Minuten rühren, bis er cremig wird. 225 g Mehl mit Backpulver mischen und in die Eiermasse rühren. Restliches Mehl auf ein Backbrett sieben, den Teig dazugeben und alles schnell zu einem glatten Teig verkneten. Klebt der Teig, etwa 50 g Mehl darübersieben und gut durchkneten. Teig etwa einen Zentimeter dick ausrollen. Gut bemehlte Springerlesmodel in den Teig drücken, ausgeformte Plätzchen abheben und die Ränder geradeschneiden. Springerle auf ein gefettetes, mit Anis bestreutes Blech setzen und in einem warmen Raum 24 Stunden trocknen lassen, dann etwa 30 Minuten im vorgeheizten Ofen backen. Damit die Springerle obenauf schön weiß bleiben, schiebt man ein zweites Blech über das Backblech. – Das fertige Gebäck einige Tage offen stehenlassen, damit es weich wird. Erst dann darf man die Springerle in eine Dose tun.

Sprudel. Mineralwasser, aber im Gegensatz zum stillen Heilwasser mit Kohlensäure durchsetzt. Bekannt sind die Sprudel von Ensingen, Bad Überkingen, Göppingen und Bad Teinach, um nur einige zu nennen. Im Schwäbischen liebt man es, beim Vesper oder beim Nachtessen ein Glas Most oder Wein durch einen tüchtigen Schuß Sprudel lebendig zu machen. Zudem gibt es hier genug davon; die Stuttgarter Stadtteile Berg und Bad Cannstatt zum Beispiel sind stolz darauf, die stärkste Mineralwasserschüttung Westeuropas zu besitzen.

Ulmer Backwerk. Wie das Memminger Brot war früher das Ulmer Brot im ganzen Land als Spezialität berühmt. Hier wurde der Teig in Stücke von der Größe kleinerer Dampfnudeln geschnitten. Diese Stücke knetete man und wellte sie zu kleinen, runden Kuchen aus. Jeder einzelne wurde dann auf einem mit Butter bestrichenen Blech zur Hälfte zusammengeklappt, wobei in die Mitte des Laibchens ein Schnitt gemacht und alles außerhalb dieses Schnittes mit Ei bestrichen wurde, ehe das Blech in den Backofen kam.
Neben diesem Ulmer Kuchenbrot sind bis auf den heutigen Tag die Ulmer Speckbrötchen (Wecken) beliebt. Das Laugengebäck aus Brezelteig heißt »Ulmer Spatz« – der Form wegen und um an die Legende vom Ulmer Spatzen zu erinnern, nach der sich die Ulmer Münsterbaumeister von einem Sperling belehren ließen, wie sie einen langen Balken durch das enge Stadttor schaffen könnten.

Vierleng heißt soviel wie: der vierte Teil, genauer: ein Viertelpfund, also 125 Gramm. Man verlangte früher »an Vierleng Butter« oder »an Vierleng Wurscht«. Vierleng sind aber auch Vierlinge, also eine Vierlingsgeburt.

Waffla. Waffeln. – Dieses Backwerk ist heute auch außerhalb Schwabens bekannt. Rezepte finden sich in jedem guten Kochbuch. Dagegen besitzt das Wort (in der Einzelform) noch eine besondere Bedeutung, die nichts mit der Backkunst zu schaffen hat. Als »Waffel« wird ein unschöner, großer Mund bezeichnet. »Halt dei Waffel!« »Der reißt sei Waffel wieder auf!« Von einer Schwätzbase gilt schließlich, sie sei eine »alte Waffel«.

Wecka. Wecken heißt man das Brötchen, das der Bäcker aus Weißbrotteig herstellt und das dem Tafelbrötchen, der Semmel, entspricht. Der Doppelwecken ist doppelt so groß.

Wengert. Weinberg oder Weingarten. »Wengerter« ist der Winzer, der Weingärtner.

Woebeizle. »Woe« ist auf schwäbisch der Wein. »Beizle« kommt von Beize, also einer Lösung aus scharfen Flüssigkeiten, deren Geruch sich Nase und Augen unangenehm mitteilen kann. Bei einem Woe-beizle handelt es sich um ein gemütliches Weinlokal, wo nur echte »Vierteles-Schlotzer« verkehren. Meist kein großes, dafür ziemlich verstecktes Lokal, wie es heute nur noch ganz selten zu finden ist. Die behagliche Enge des Raumes kann die Gäste kaum fassen, und die Luft ist vielfach von Tabaksqualm so verdickt, daß man sie »schneiden« kann. Es gibt auch andere Wirtschaften, die ebenfalls mit Beiz bezeichnet werden. Dort verkehren aber selten die echten »Weinzähne«. »Beizer« ist der Wirt.

Zemt. Zimt. – Er wurde früher oft im Wein getrunken. So heißt es im Jahr 1573: »Vor der Kelt (Kälte) ... dich wohl bewahr, aber Zimt magst du trinken zwar.« In den Glühwein gehört auf jeden Fall Zimt.

Zibebe. Große Rosine, getrocknete Traubenbeere. – Das Wort kommt vom italienischen »zibibbi« oder sogar vom arabischen »zibba«, die beide dasselbe bedeuten.

Zwiebelkuchen. Salziger Kuchen mit Auflage aus Zwiebeln und Sauerrahm. Zwiebelkuchen, eine schwäbische Nationalspeise wie im Elsaß der Flammekueche, schmeckt ausgezeichnet zum neuen Wein, wenn dieser schon »räs« ist (vergoren oder angegoren), und wird ob seiner grandiosen Wirkung auch »Posaunentorte« genannt. Eine schwäbische Kirbe ist ohne diesen Genuß kaum zu denken.

Rezept: Ein Kuchenblech wird mit Mürb- oder Hefeteig ausgelegt. Man schält ein Kilo Zwiebeln, schneidet sie fein und dämpft sie mit etwa 80 g gewürfeltem Speck in Butter oder Fett, bis alles glasig ist. Dann nimmt man die Masse vom Feuer, läßt sie etwas abkühlen, mengt drei bis vier Eier, 60 g Mehl und 250 bis 350 g Sauerrahm darunter, gibt nach Geschmack Salz und Kümmel dazu und streicht die Masse auf den Kuchenboden. Zum Schluß bestreut man den Belag mit Butterflöckchen und Speckwürfelchen. Das Ganze wird bei guter Hitze (200 bis 220 °C) etwa eine Stunde gebacken. Den Zwiebelkuchen trägt man heiß auf und ißt ihn auch so.

Kleider machen Leute

Vom schwäbischen Brauchtum, wie es in den Trachten offenbar wird (in der Regel werden sie nur noch bei besonderen Anlässen, Festen und Feiern getragen), ist hier nicht die Rede. Die Schwaben sind genauso moderne Menschen, wie das von den anderen deutschen Stämmen behauptet wird – und die Kleidung ist heutzutage ohnehin international. – Nur von einigen »Überresten« aus früherer Zeit, soweit sie mit der Kleidung zu tun haben, soll hier berichtet werden. Es gilt also keineswegs mehr das, was das Volkslied über die Schwaben und ihre Kleidung in früherer Zeit vermeldet hat:

Was bringen uns die Schwaben,
nix als immer Schwaben.
Kurze Röckla hent sie an,
hint und vorne Bändel dran;
Schwabenland
ist bekannt,
weil se kurze Röckla hant.

Blohemed. Blauhemd, Fuhrmannskittel (vergleiche auch »Baurabüble« im Kapitel über die Pflanzen); wird heute noch als Arbeitskleidung getragen.

Breisle. Damit war das schmale Bändchen gemeint, das an Herrenhemden ohne festen Kragen am Halsausschnitt den Abschluß bildete. Heute freilich gibt es keine Breisla mehr.

Brotesfrack. Bratenrock. – Man muß gut siebzig Jahre zurückgehen, um sich noch daran zu erinnern, daß der rechte Bürger in seinem »Brotesfrack« am Sonntag zur Kirche ging, also im sogenannten Gehrock, um anschließend zu Hause den Sonntagsbraten zu verzehren. Besonders in den ländlichen Gegenden war der Kirchgang ein Fest, zur Ehre Gottes legte man den besten Anzug an; und was den Braten betrifft, so gab es den ja auch nur an den Sonntagen.

Cotterle. Kurzer Frauenrock (Panzerhemd).

Däbber. Damit sind die Hausschuhe gemeint, mit denen man daheim »rumdabbt«, herumgeht. »Komm, breng mr meine Däbber«, bring mir doch bitte meine Hausschuhe. Daneben gibt es das Wort »Dabber«, das überdies Fuß- oder Fingerabdruck bedeutet. Das Verb »dabba« steht für ungeschicktes Zugreifen oder plumpes Auftreten beziehungsweise Gehen. »Dabb doch net so domm drana« muß der Kochlehrling hören, wenn er ohne »Herddäbber« einen heißen Topf anpackt. »Der dabbt daher wie a blender Gaul«, er geht wie ein blindes Arbeitspferd.

Furzkäschtle. Was die erste Silbe besagt, braucht nicht erklärt zu werden; das gesamte Wort ist die Bezeichnung für schwarze Lederhosen, die unterhalb der Knie abgebunden sind und eine gewisse Ähnlichkeit mit der Knickerbockerhose haben. Diese Hose wurde bis in die dreißiger Jahre als Männerhose getragen. Dazu gehörte eine kurze Jacke mit großen versilberten Talerknöpfen.

Händschich. Handschuhe. Das Wort ist in der Einzahl und in der Mehrzahl gleich.

Häs. Kleid, Anzug. – Das »Werdichs-Häs« oder das »Sonndichs-Häs« ist das Werktags- oder das Sonntagskleid. Es kann aber auch der Werktags- oder Sonntagsanzug sein. »Des isch a Narr, dean s Leaba freut, dear s Sonntighäs am Weatig trait«, derjenige ist ein Narr, der Freude am Leben hat, der seine Sonntagskleidung werktags trägt.

Hosalada. Hosenfalle, Hosenlatz, Hosenschlitz, Hosentürchen. – Auch »Hosalädle« genannt. Wie ein Fensterladen das Fenster verriegelt, so verriegelt der »Hosalada« die Hose. Früher besaßen die Hosen zu diesem Zweck einen richtigen Latz, den man durch Hosenbändel geschlossen hielt. Später nähte man Knöpfe, erst sehr viel später Reißverschlüsse an. Bei sehr breiten Lätzen redete man von vier- bis sechsspänningen Hosenläden. (Siehe auch »Latz«.)

Kittel. Jacke, Anzug-Jackett, vereinzelt auch: Damenrock.

Latz. Ursprünglich Schlinge, Seilschleife oder Bandschleife. Vögel fing man mit einem derartigen Latz. Daneben bedeutet Latz ein Stück Tuch, besonders an der Männerkleidung (15./16. Jahrhundert). Neben dem Hosenlatz, der noch im 17. Jahrhundert getragen wurde – Grimmelshausen spricht sogar vom großen Schwabenlatz –, gab es den Kriegslatz, wie ihn die Landsknechte trugen, den Brustlatz und (bis heute) für die Kinder einen Triellatz (Sapperlatz). Das Verb »latza« oder »lätza« bedeutet eine Schleife machen, auch binden. Eine Latzhose wird auch »Türleshos« genannt (siehe auch »Hosalada«).

Nestel. Schmales Band oder Riemen zum Schnüren des Mieders, der Schuhe, der Hosen, auch Haarbändel. Sebastian Frank spottete einmal darüber, daß die Bauern seidene Nestel in den Schuhen tragen wollten. Der Nestelschwab war einer der sieben Schwaben; er band die Hosen mit Nesteln.

Schbickel. Zwickel aus Stoff; gewöhnlich ein keilförmiges Stück Tuch als Einsatz in Kleidern, Hemden, Hosen, Strümpfen. Man spricht auch von einem Schbickel (Spickel) Land. »Schbickla« heißt: etwas mit einem Zwickel versehen.

Schlabber heißt man die Hauspantoffeln, die hinten offen sind und deshalb schlappen. Siehe auch »Däbber«.

Schope nannte man früher eine Jacke oder ein Wams, auch ein Oberkleid. Das Wort leitet sich wohl vom französischen »jupe« = Rock ab und ist wohl verwandt mit »Schaupe«, früher eine männliche oder weibliche Rumpfbekleidung.

Schpendierhose. »Schpendiera« heißt spenden, schenken. »A Schpendierhos« ist also eine Schenkhose, doch freilich keine geschenkte Hose. »Der hot heit sei Schpendierhos a«, heißt es, wenn einer großzügig ist, wenn er beispielsweise eine Runde bezahlt.

Schtrumpfed, schtrempfich, schtrümpflinga. In Strümpfen ohne Schuhe. – »Schtrempf« sind die Strümpfe oder Socken; sie dienen im Schwäbischen zur Bildung einiger Redensarten: »Ma siehts em Schtrumpf a, wenn dr Fuß ab isch«, die Tarnung ist schlecht. »Mei Hemmad bleibt mr näher als wie mei

Schtrompf«, sagt man, wenn man Prioritäten in bezug auf Personen setzt, beispielsweise dem Sohn einen Vorteil gegenüber dem Stiefvetter verschafft. »Eim auf de Schtrumpf helfa« bedeutet: jemandem behilflich sein.

Trittleng. Kräftige, stabile Schuhe, Wander- oder Arbeitsschuhe mit festen, meist zwiegenähten Sohlen. – Spricht aber einer geringschätzig von »Trittleng«, so kann er auch schlechtes, unsauberes und ungepflegtes Schuhwerk meinen. Es kommt halt ganz darauf an ...

Wammesle. Das Wammesle ist eine warme Jacke, ein Wams, allerdings wieder mit der beliebten Verkleinerungsform, dem »le«. Altfranzösisch: wambeis.

Zweter. Sweater, Schlupfweste, Wollweste.

Die Sprache – ein Spiegel der häuslichen Welt

Was zum Haushalt gehört

Von Goethe stammt das Wort: »Des Menschen Wohnung ist sein halbes Leben; der Ort, wo er sich niederläßt, die Luft, die er einatmet, bestimmen seine Existenz.« Diese Aussage bezieht sich nicht nur auf die Örtlichkeit der Wohnungsnahme, vielmehr auf das »Hausen« selbst, auf alles, was an und in der Wohnstätte geschieht, was das Leben in den vier Wänden ausmacht.

Wenn die Schwaben nach dem Grundsatz handeln: schaffe, spare, Häusle baue – so beweist diese Einstellung, daß sie gern ihr eigener Herr sind und in einem eigenen Heim auf eigenem Grund und Boden leben möchten. Das Bauen und das Hausen stehen in engem Zusammenhang, wobei Sicherheit, Beständigkeit und Dauer angestrebt wird. Viele Sprüche, die früher an Neubauten angebracht wurden, weisen darauf hin. Ein derartiger Hausspruch aus Künzelsau-Künsbach, der für viele ähnliche stehen mag:

Wenn die Esel Flöten blasen
Und die Schnecken springen wie die Hasen,
Wenn die alten Weiber nicht mehr zanken,
Dann soll dieser Giebel wanken.

In dem folgenden Abschnitt geht es nicht um den schwäbischen Hausbau im einzelnen, sondern um Gegenstände und Dinge, die zum »Hausen« gehören. Ludwig Uhland hat in seinem »Zimmerspruch« vom 8. Januar 1812 die Räumlichkeiten umrissen, in denen die dingliche Welt zu finden ist, mit der das Dasein eines Schwaben sich verknüpft. Die Liste besteht selbstverständlich nur aus einer kleinen Auswahl dessen, was tatsächlich das schwäbische Hausen ausmacht.

Zimmerspruch

Das neue Haus ist aufgericht',
Gedeckt, gemauert ist es nicht,
Noch können Regen und Sonnenschein
Von oben und überall herein:
Drum rufen wir zum Meister der Welt,
Er wolle von dem Himmelszelt
Nur Heil und Segen gießen aus
Hier über dieses off'ne Haus.
Zuoberst woll er gut Gedeihn
In die Kornböden uns verleihn;
In die Stube Fleiß und Frömmigkeit,
In die Küche Maß und Reinlichkeit,
In den Stall Gesundheit allermeist,
In den Keller dem Wein einen guten Geist;
Die Fenster und Pforten soll er weihn,
Daß nichts Unseligs komm herein,
Und daß aus dieser neuen Tür
Bald fromme Kindlein springen für.
Nun, Maurer, decket und mauret aus;
Der Segen Gottes ist im Haus.

Bank. Die Sitzbank ist beim Schwaben – wie *der* Butter – männlichen Geschlechts. Er sagt also: *der* Bank. »S Buch liegt aufm Bank.« »Er hat da Schirm unterm Bank liegalassa.« – *Die* Bank ist im Zusammenhang mit dem Bauen mittlerweile auch in Schwaben wichtig, denn heute heißt es meist: Schaffe, bomba, Häusle baua. Unter »bomba«, pumpen, versteht man das Schuldenmachen.

Batscher. Teppichklopfer, Ausklopfer. – Der Batscher war, vor der Verbreitung des Staubsaugers, in vielerlei Hinsicht ein brauchbares Instrument. Die Hausfrau klopfte (»batschte«) damit den Staub aus Kleidern, Teppichen und anderen Gegenständen. Aber auch bei der autoritären Erziehung konnte er nützlich sein. Oft genügte es, wenn die Mutter damit drohte ...

Behne. Bühne, Boden, Dachboden. – »A Behne« ist zunächst ein Holzgerüst, auf dessen waagrechter Fläche man sitzen oder etwas abstellen oder lagern kann. – Im Haus nennt man »Behne« die waagrechte Balken- oder Bretterlage, die den Boden eines oberen, die Decke eines unteren Stockwerks bildet, vor allem aber Dachraum überhaupt und besonders den Dachboden von Scheuern und Ställen. »Der moent, s Geld lauf mir zur Behne ra«, er nimmt an, ich sei reich. »Er hot Heu uf der Behne« heißt: Er hat Verstand. »Dem kälberet dr Holzschlegel uf dr Behne«, er ist ein Glückskind. Eine »Behnekammer« ist eine Dachkammer.

Bletz. Flicklappen, Fleck auf der Stirn, Fleck auf der Hose. – »Der hot da Bletz neba s Loch gsetzt«, er hat die Sache verkehrt angefaßt. »Besser a wüster Bletz als a schandlichs Loch«, besser so als gar nicht (wörtlich: besser ein häßlicher Flicken als ein Schande bringendes Loch). »Bletz« stand früher für Kleidung allgemein. »I muaß mer jo Bletz aschema« bedeutet, wenn alle Kleider abfallen, bin ich nackt und muß mich sehr schämen.

Bobbel. Garnknäuel; dummer Kerl. – »D Weber stibitzet vo ällem Garn a Böbbele, no kriaget se au a Zettele«, sagt man. Das hat folgenden Hintergrund: Früher brachten die Bäuerinnen, die keinen eigenen Webstuhl besaßen, ihr selbstgesponnenes Garn in Knäueln (»Böbbele«) zum Weber. Der nun stahl von jedem Knäuel ein Stückchen Garn, das fiel nicht auf, und kam so kostenlos zu einem »Zettel«, das heißt einer Webkette.

Budda. Bütte, auf dem Rücken getragenes Gefäß; langes, nach unten sich verjüngendes Holzgeschirr zum Befördern von Flüssigkeiten oder von Nässendem (zum Beispiel Wein, Trauben). – »I laß mir koin Budda aufbinda«, ich lasse mir keinen Bären aufbinden. »Des bindet da Budda net«, das genügt nicht. »Der isch em Deifel aus der Budde gjuckt«, er ist aus dem Traggefäß des Teufels gesprungen.

Decke hat im Schwäbischen vielerlei Bedeutung. Sie ist das Federbett, die Tischdecke, die Wolldecke (obwohl diese auch oft Teppich genannt wird) und die Zimmerdecke, also der Plafo. (Vergleiche »Teppich« und »Plafo«.)

Deggl. Dabei kann es sich um einen Topf- oder Kistendeckel handeln; aber ebensogut um einen Hut, einen Männer- oder Frauenhut, manchmal um ein wirkliches Museumsstück.

Flecka. Das Wort bedeutet einerseits einen Fett-, Farb- oder sonstigen Fleck. Andererseits nennt man eine kleine Ortschaft Flecka. Die Bezeichnung stammt aus der Zeit, als es noch

Flecka tief im Schwarzwald und auf der Alb

Marktflecken gab, jene paar Häuser und Scheunen, die vereinzelt und wie ein Fleck in der Landschaft verstreut lagen. So unangenehm ein Fleck auf der Hose ist, so reizvoll kann ein Flecka irgendwo tief im Schwarzwald, auf der Alb oder sonstwo im Herzen unseres Landes sein. – Die Einzahl und die Mehrzahl heißen beim Wort »Flecka« gleich, weshalb Schwaben größte Mühe haben zu lernen, daß der Plural des schriftdeutschen Wortes »Fleck« Flecke lautet.

Fonzel. Funzel, Lampe. – Eine schlecht brennende Lampe, die mehr Rauch als Licht gab, nannte man im Zeitalter der Petroleumlampen »Fonzel«. Aber trotz des überall eingeführten elektrischen Lichts stirbt die »Fonzel« nicht aus. Heute nennt man eine schwache elektrische Birne so. Aber genauso eine langweilige, schwerfällige, nur langsam begreifende Person: »Du bisch jo a triabe Fonzel.«

Fußnet ist das Fußende des Bettes, des Sofas, der Couch. – Gegensatz: »Kopfnet«. Ein »Fußnet-Kaschda« ist eine Truhe am unteren Ende des Bettes. »S Kend muß eba drei Fußnet liega«, das Kind benötigt dreimal so viel Platz wie ein Fußnet. »Vor dr Hauzig muß d Fußnet frisch agestricha werda«, vor der Hochzeit muß des Fußende des (hölzernen) Bettgestells frisch gestrichen werden.

Gautsch. Pritsche, gepolsterte Ofenbank, nicht zu verwechseln mit der Couch. – Sonst versteht man unter einer »Gautsch« eine Schaukel für Kinder. Eine »Gautschete« ist eine Vorrichtung zum Schaukeln.

Gelte. Mit Handgriffen versehenes, mittelgroßes Holzgefäß, Wanne, Bottich. – Wird auch »Gelt« oder »Gölta« genannt. (Vergleiche »Spüalgelt«.) »Gölta« kann auch die scherzhafte Bezeichnung für einen Hut sein, der in der Form an einen Bottich erinnert. Unter »Gelt« versteht man schließlich eine Wampe, einen Bauch (fast) in der Größe einer »Gelte«.

Glastür. Das sollte eigentlich eine Türe mit einem eingelassenen Glas sein; aber im Schwäbischen gilt sie mit oder ohne Glas als Eingangstüre zur Wohnung. Der Schwabe unterscheidet also: Zimmertür, Glastür, Haustür, Gartentörle, Autotür.

Glufe. Stecknadel. – »Steckklufe« = Stecknadel; »Doppelklufe« = Sicherheitsnadel; »Klufekissen« = Nadelkissen; »Klufekopf« =

Kopf der Stecknadel, aber auch Maß für etwas sehr Kleines. »Jetz sitze mer auf de Klufa«, wir sind schlecht dran. Ein »Klufebett« ist ein Platz in der Hölle. Und der »Klufemichel« ist ein Geizhals, ein kleinlicher Mensch.

Göppel. Ein sehr altes Fahrzeug, zum Beispiel ein Fahrrad, das am besten nur noch geschoben wird, damit es nicht bei der Erfüllung seines eigentlichen Zwecks zusammenbricht.

Gompa. Großes Gefäß, etwa ein Wasserfaß im Garten, aber auch eine Vertiefung in einem Flußbett oder eine tiefe Wasserstelle.

Grädde. Korb, den man am Arm trägt, Henkelkorb.

Grischt. Gerüst. – Der Pfarrer fragt einen Konfirmanden: »Was ist ein Christ?« Der Bub antwortet: »Vier Stanga ond a Britt!«, vier Stangen und ein Brett.

Gruscht gibt es überall, in den Wohnungen, auf den Schreibtischen, in den Kinderzimmern, auf den Böden, im Keller. Er ist das unnütze Zeug, das sich im Laufe der Zeit ansammelt, unordentlich herumliegende Gegenstände.

Gschirr. Handwerkszeug, Arbeitszeug, Geräte. – »Mit me guta Gschirr isch halba gschafft«, ein gutes Werkzeug ist die halbe Arbeit. »Wie der Herr, so s Gscherr«, wörtlich: so, wie der Herr, der Chef, der Herrscher ist, so ist das Werkzeug, das er zur Arbeit zur Verfügung stellt; übertragen: wie die Untergebenen sind, richtet sich danach, wie der Herr ist. »S Gschirr muß helfa schaffa«, das Handwerkszeug muß bei der Arbeit helfen. Es gibt auch »Webstuhlgeschirr«, »Bindgeschirr«, »Habergeschirr«. Ferner bedeutet Gschirr ein Gefäß aus Ton oder Metall, zum Beispiel das »Apothekergschirr«. Außerdem ist »Gschirr« Sammelbegriff für Tassen und Teller: »Kücheggschirr«, »Trinkgschirr«, »Eßgschirr«. »Auf a hölzerns Gschirr ghört a hölzerner Deckel«, was zusammenpassen soll, muß auch von zusammenpassender Beschaffenheit oder Herkunft sein. Schließlich bezeichnet »Gschirr« das Riemenzeug zum Anspannen von Zugtieren an Fuhrwerke; so gibt es zum Beispiel »Roßgschirr«. »Des muß a schlechter Gaul sei, der s Gschirr net vertrecht«, ein Zugpferd, das sein Riemenzeug nicht erträgt, taugt nichts; ebenso übertragen, wenn jemand etwas, das unabdingbar zu seiner Tätigkeit gehört, beanstandet oder nicht aushält, etwa, wenn ein Bäcker wärmeempfindlich ist oder ein Metzger kein Blut sehen kann. »Do muaß mr sich recht ens Gschirr lega«, da muß man sich anstrengen. Häufig verwendet wird auch das Verb »gschirra«. »Mit dir isch gut gschirra«, mit dir kann man gut auskommen.

Guck. Verpackung, Tüte aus Papier oder Kunststoff. – Mit »gucka« (sehen) hat die Guck nichts zu tun.

Güllabomb. »Gülle« = Jauche, »Bomb« = Pumpe. – Die Jauchepumpe ist (oder besser: war – es gibt ja kaum mehr Misthaufen) die nützliche Anlage vor dem Stall an der Miste. Doch das Wort hat noch eine weitere Bedeutung. Man nannte die früher üblichen Tabakspfeifen in der beliebten S-Form so. Diese Pfeifen wurden, waren sie einmal ausgegangen, nicht neu angezündet, sondern kalt »weitergeraucht«. Da kam es natürlich vor, daß der angesammelte Speichel vom Pfeifenkopf beim Ziehen mit gurgelndem Geräusch im Ansatzstück auf und ab lief, genau wie bei der Güllabomb.

Güllafaß. Jauchefaß, in dem die Jauche auf das Feld geführt wird. Der »Güllabomber« oder »Güllagumper« ist der Pumpbrunnen an der Miste. Im »Güllaloch« sammelt sich die Jauche.

Häfele. Das »Häfele« hat viele Verwendungszwecke: Es ist der Kochtopf für Suppen, Gemüse, Kaffee- und Teewasser. Aber auch ein als Kaffee- oder Milchkanne verwendeter Porzellan- oder Steinguttopf wird so bezeichnet. Das Nachtgeschirr ist ebenfalls ein »Häfele«, auch ein »Scheißhäfele«. Manchmal freilich sagt man hierzulande auch zu einem altmodischen Hut »Häfele« oder »Scheißhäfele«. Außerdem ist »Häfele« ein gut schwäbischer Familienname.

Haipfel. Rechteckiger Kopfkissenbezug.

Handhebets. Handgriff, Henkel. – Der Schwabe sagt zu halten und festhalten »heben«. So wird der Henkel am Topf, der Griff am Nachtgeschirr, ja jeder andere Halt zur Handhebets.

Hausere. Haushälterin. – Wenn Ehepaare eine Haushälterin haben, dann heißt sie auch so, beim Junggesellen oder Witwer aber ist sie die »Hausere« – oft als Witzfigur belacht. In den Gegenden des echten Fasnettreibens, im Oberschwäbischen, ist die »Hausere« auch gleichzeitig das Klatschweib.

Hausfrau. »I hab a guate Hausfrau«, sagt der Student ... und meint seine Wirtin. Man hört selten den Ehemann sagen: Ich habe eine gute Hausfrau, obwohl seine Ehefrau, so sie denn Hausfrau ist, diesen Namen verdiente.

Hauszenz. Miete. – Der »Hauszenz« ist der Mietpreis für die Wohnung oder ein Haus. Wenn ein Schwabe seinen Nachbarn fragt, ob »sei Hauszenz hoch« sei, will er wissen, welche monatliche Miete der andere zu bezahlen hat.

Herddäpper. Topflappen. – Die erste Silbe ist klar, die zweite (siehe auch »Däpper«) versinnbildlicht etwas, womit man tappt, etwas berührt, greift oder ergreift.

Ipser. Gipser.

Kämi. Kammer, besonders Rauchkammer.

Kamee. Schornstein, Schlot, Esse. – »Des kasch en dr Kamee schreibe«, das kannst du abschreiben, das kannst du dir abschminken, kannst du vergessen.

Karrabauer. Arbeiter der Müllabfuhr.

Karrasalb. Wagenschmiere. – Schwarzes Schmierfett (Salbe), mit dem die Fuhrleute früher die Radnaben der Pferdefuhrwerke schmierten.

Käsblättle. Eine kleine Zeitung oder Zeitschrift, die keine besondere Bedeutung hat, oft abwertend auf die Lokalzeitung gemünzt.

Kaschta. Kasten, Schrank. – Es gibt Wäschekaschta, Kleiderkaschta, Gschirrkaschta und so weiter.

Kehrwisch. Handbesen oder Handfeger, mit dem man den zusammengekehrten Abfall auf die Schaufel kehrt. Hier ist das Kehren und Wischen in einem Wort vereinigt.

Klompa. Klumpen, Haufen. – »Do liegt wieder älles uf oim Klompa!«, da liegt wieder alles auf einem Haufen.

Kopfnet. Die Kopfnet ist das Kopfende des Bettes, des Sofas und der Couch. – Gegensatz: »Fußnet« (siehe dort).

Krabbagautsch, Krabbaschaukel. Beide Wörter sind nicht nur die schwäbische Bezeichnung für ein altes Sofa, eine schlechte Couch, für ein hartes Bett, sondern auch für ein altes Auto, einen vorsintflutlichen Straßenbahnwagen oder ein altes Eisenbahnabteil.

Krautschtande. Runde Tonne, in der Weißkraut sauer eingelegt wird, um so Sauerkraut zu werden. – »Der hat en Kopf wie a

Krautschtande«, spottet man, wenn jemand einen großen Kopf hat.

Krengel. Kringel, Kreis. – »Du machsch amol an Krengel om des bißle Sach«, du machst aber viel Aufhebens um diese Kleinigkeit.

Kutter. Abfall, Müll – aber auch Ramschware wird Kutter genannt.

Kutterfäßle. Kuttereimer, Mülleimer. – Doch das Wort taucht zugleich in ganz anderer Bedeutung auf: Wird ein Mann mit einem zweifelhaften Mädchen gesehen, so kann es heißen: »Der hot a bees Kutterfäßle bei sich ghet.« Und »Kutterfäßle« wird auch derjenige genannt, der bei Tisch immer die Reste aufißt.

Kutterschaufel. Abfallschaufel (vergleiche »Kehrwisch«).

Mauganescht ist der Ausdruck für ein Versteck, das die schwäbische Hausfrau in einer Truhe, einem Schubfach anlegt, um ihre Lieben zu irgendeiner guten Stunde mit Süßigkeiten oder mit erspartem Geld zu erfreuen. Vor allem kommt aber in ein sogenanntes Mauganescht Stück um Stück Bettwäsche für die heiratsfähigen Töchter. Ein »Mauganescht« kann auch die sehr unordentliche Spielecke eines Kindes sein.

Potterle. Kleine Kette, Halsschmuck.

Schbächela. Fein gespaltenes Holz zum Anfeuern.

Schbächtela. Kleinholz. – »Schbächtela spiela« war früher üblich: Ein Prügel, also ein Stock oder Ast, wurde in zähen, lehmigen Boden gesteckt. Die Mitspieler versuchten, mit ihrem Prügel den im Boden steckenden »Schbächt« fortzuschleudern.

Schell. Handglocke, Türklingel, früher jede Glocke mit einem Schnur- oder Drahtzug zur Wohnung. – Auch »Schelle« oder »Schella«. Wer an einer Türglocke klingelt, der »schellt«, und wenn in der Wohnung die Klingel oder Glocke oder das Telefon läutet, dann »schellt's«. Ein bekannter Zungenbrecher lautet: »Schellet Se ned an sellre Schelle, selle Schelle schellt net, schellet Se aber an sellre Schelle, selle Schelle schellt!«, übersetzt: Läuten Sie nicht an dieser Klingel, diese Klingel funktioniert nicht; klingeln Sie aber an jener Klingel, denn sie ist in Betrieb.

Schleckhaf. »Des isch au koi Schleckhaf!« heißt soviel wie: Das ist auch nichts Angenehmes, nichts, nach dem man alle zehn Finger lecken möchte. Ein »Schleck« ist eine Leckerei.

Schmiere kann genauso Schmierfett, also Schmotz (siehe dort) wie auch Schmutz oder Dreck auf einem Feldweg sein, der durch langen Regen aufgeweicht ist.

Schmotz. Schmiere (siehe dort), aber auch Schmutz. – Schmotz ist fettiger Dreck, doch zugleich ein saudummes Geschwätz, bei dem jemand »stiefelsdick« aufgetragen hat.

Schopf. Schuppen, offener Anbau am Haus oder an der Scheuer. – Es gibt den »Wagenschopf«, »Holzschopf«; ferner spricht man vom »Schopftor«.

Schüble. Ein Löffel voll Suppe oder Brei. – Ein Schub ist eine Portion Geschobenes, in den Mund Geschobenes.

Schugger. Stoß; Schwall. – Wenn jemand im Theater schnarcht, wird der Nebensitzer von denjenigen, die sich gestört fühlen, aufgefordert, dem Schläfer einen »Schugger« zu geben, das heißt, ihm einen Stoß mit dem Ellbogen zu versetzen. Ein »Schugger« ist aber auch ein Schwall Flüssigkeit. Beim Kaffee-Einschenken: »Au, do isch mr en Schugger danebeganga«, ein Schwall ging daneben, nämlich statt in die Tasse auf das Tischtuch. Wenn ein Kochrezept mitgeteilt wird: »Zom Schluß dusch no en Schugger Wei en des Sößle«, füge der Soße schließlich noch einen Schuß Wein zu.

Schwefzgela. Schwefelhölzer. – Die »Schwefzgela« hatten zwar die Größe der heutigen Zündhölzer, sie dürfen aber dennoch nicht mit diesen verwechselt werden. Denn ihr Kopf bestand aus einer Mischung von weißem Phosphor und Schwefel, und durch Reiben an jedem beliebigen harten Gegenstand konnte man sie zum Brennen bringen. Sie wurden zum Teil lose in der Tasche getragen. Beliebte Reibflächen waren die Stiefelsohle und der Hosenboden.

Seier. Sieb. – Jede Art von Sieb wird in Schwaben als Seier (Seiher) bezeichnet; es gibt ein »Teeseierle« und einen »Salatseier«, einen »Fleischbrühseier« und einen »Kaffeeseier«.

Spüalgelt war die Wanne aus Blech oder Kunststoff, die die Hausfrau zum Geschirrabwaschen benötigte, als es noch keine Edelstahlspülen gab und noch niemand von Geschirrspülmaschinen träumte (siehe auch »Gelte«). – »Wenns dr Ma im Butta reiträgt und d Frau in der Gelt naus, no gohts halt aus«, was der Mann mit viel Fleiß und Mühe erarbeitet, das verschwendet seine Frau, so daß nichts übrig bleibt.

Stäffele. Steinstufen, Treppenwege. – Wegen seiner topographischen Lage verfügt Stuttgart über besonders viele Stäffele, weshalb die Stuttgarter den Spitznamen »Stäffelesrutscher« tragen.

Strohboda. Fußabstreifer.

Teppich. Der Teppich ist im Schwabenland ebenso der Bodenteppich wie auch die Wolldecke fürs Bett, die Tischdecke, die Decke fürs Auto und die Reise.

Wasserstoi. Wasserstein, Schüttstein. – Hiervon wurde auch die zweifelhafte Bezeichnung für ein Küchenmädchen abgeleitet: »Wasserstoi-Dragoner«.

Wiesbom. hat nichts mit einem Baum auf einer Wiese zu tun, sondern ist eine starke und sieben bis acht Meter lange Stange, die der Länge nach auf einen beladenen Heu- oder Erntewagen gelegt wird. Von ihr aus werden kräftige Schnüre nach unten gezogen, mit denen man die Ladung festbindet.

Wiesle, gmähts. »A gmähds Wiesle« ist eine gute Sache, eine günstige Gelegenheit, und zwar immer auf eine bestimmte Person bezogen. Die Arbeit – das Mähen – ist schon getan, nun kann die Wiese, der Rasen genossen werden. Beispielsweise kann man über einen Fabrikanten, der Profit aus dem Konkurs eines Konkurrenten zieht, sagen: »Der Konkurs isch em a gmähts Wiesle gwä.«

Wisch. Ein unangenehmer, schlecht geschriebener oder schlecht formulierter Brief wird mit »Wisch« bezeichnet. Er ist so wertlos wie ein Lappen, den man zum Wischen benützt; und hat vielleicht auch äußerlich Ähnlichkeit mit diesem.

Ziach ist der weiße, gestreifte oder buntgeblümte Bezug des Federbetts (nicht zu verwechseln mit dem Oberleintuch, dem Überschlaglaken). – »Ziach« kommt von ziehen, darüberziehen. – Da hat sich einmal im schwäbischen Raum ein Mißverständnis zugetragen. Ein Mann vom Land kommt in die Großstadt, und sein Weib hat ihm aufgetragen, zwei »Ziacha« einzukaufen. Ziach, denkt er, das ist zu schwäbisch. Er will der

Verkäuferin schriftdeutsch kommen und verlangt: »Zwoi Ziechen!« Die Verkäuferin glaubt nicht recht zu hören. Sie überlegt sich die Sache und erklärt dem Mann schließlich, wenn er Ziegen kaufen wolle, müsse er sich an die Wilhelma wenden.

Ziagamlederle. Geldbeutel, der in früherer Zeit mit einem Lederriemen oder Lederbändel verschlossen war. – Wörtlich: Zieh am Leder – nämlich zum Öffnen. Auch zur Ziehharmonika, dem Akkordeon, sagt der Schwabe »Ziagamlederle«.

Zoina. ist ein runder, ovaler oder rechteckiger, aus Weiden geflochtener Korb (zum Beispiel für Wäsche) in den verschiedensten Größen.

Von Tieren

In der Hauptsache erscheinen hier Benennungen aus der Welt des kleinen Getiers, natürlich wiederum nur, soweit sie charakteristisch für das Schwäbische oder, von der Hochsprache her gesehen, einem Nichtschwaben unverständlich sind.

Biberle. Ein ganz junges Huhn oder ein Entchen. – Ein Wort, das aus der Kindersprache in den Dialekt übernommen wurde. Unter »Biberleskäs« versteht man dasselbe wie unter »Luckeleskäs« (siehe dort), nämlich Quark.

Bleß. Haustier, auch spezieller: Kuh mit weißem Stirnfleck.

Bream. Bremse, Steckmücke, die meist dort anzutreffen ist, wo Pferde und Kühe sind.

Brommhommel(er), Brummhummel(ere), Brummel(er). Hummel, Biene. – Auch in den Formen »Brommhommler«, »Brummhummlere«, »Brummel« und »Brummler« gebräuchlich. Übertragen nennt man auch einen brummigen Kerl »Brommhommeler«.

Duttla. Zitzen beim Schaf.

Entawackele. Kindlicher Ausdruck für eine junge Ente.

Flaih. Flöhe.

Gaggale (auf der zweiten Silbe betont). Hühnerei; auch kindlicher Ausdruck für eine Ente. – »s stoht a Kendle an dr Wand, hot a Gaggale en dr Hand ...«, es steht ein Kind an der Wand, hat ein Ei in der Hand, lautet ein kindlicher Reim.

Geit. Ente. – Außerdem: »er geit« = er gibt; »er geiht« = er geht.

Häsleis. sind Kleiderläuse, eine üble Sache.

Heale. Hähnchen, Hühnchen. – »Heala koppa« bedeutet: Hähnchen kastrieren, verschneiden; auch Hähnchen zurückschneiden, ihnen etwas abschneiden, zum Beispiel die Köpfe.

Hennadepperle. Kleine Schritte. – Wörtlich: Hennenschrittchen. Eine Frau in einem langen, sehr engen Rock ist gezwungen, »Hennadepperle« zu machen. Man sagt auch übertragen: »Desch bloß a Hennadepperle«, wenn man meint: Es ist nicht weit, es ist gleich da drüben.

Koppa. Kapaun; verschnittener, zum Schlachten gemästeter Hahn. – Nicht zu verwechseln mit dem Verb »kobba« – denn das bedeutet aufstoßen, rülpsen.

Kuahfliagets. Das sind die großen Fliegen, die sich im Sommer den Kühen um die Augen setzen. – Wird auch als verächtliches Wort für unnützes und aufgeblasenes Getue verwandt.

Luckela. Junge Hühner. – Das Wort wird meist in der Mehrzahl gebraucht. Vergleiche auch »Biberle« und »Luckeleskäs«.

Moggele. Kuh, Kalb. – Das Wort stammt von Moggel = Brocken. »Dicke Moggel gebet feiste Vögel«, füttert man dicke Brocken, so werden die Vögel, also Hühner, Gänse und ähnliches Federvieh, fett. In der Kindersprache wird die Kuh als »Moggelemuh« bezeichnet. »Moggele« ist auch ein freundlicher Ausdruck für ein rundliches Kind, das einem Brocken gleicht.

Muck. Stubenfliege. – Sie war früher so allgegenwärtig, daß sie Eingang in etliche Redensarten gefunden hat. So sagt man: »Den scheniert d Muck an dr Wand«, ihm paßt gar nichts (wörtlich: ihn stört die Fliege an der Wand). »Mit ma Löffel voll Honig fangt mr maih Mucka als mit ma Faß voll Essig«, es kommt nicht auf die Menge, sondern auf die richtigen Mittel an (wörtlich: mit einem Löffel Honig fängt man mehr Fliegen als mit einem Faß Essig). »Mr ka ned nach älle Mucka schlaga«, man kann es nicht allen recht machen (wörtlich: man kann nicht nach allen Fliegen schlagen). »Mucka haba« bedeutet fehlerhaft sein, zum Beispiel: »Des Combjuderbrogramm hot no a baar

Mucka«, dieses Computerprogramm hat noch einige Kinderkrankheiten. Mücke heißt im Schwäbischen »Mückle« – oder »Schnok«, Schnake, wenn es sich um ein stechendes Exemplar handelt.

Mulle. Hauskatze. – Das Wort setzt sich zusammen aus dem Wort für eine große Katze, »Mull«, und der Zärtlichkeits-Endung »-le«. Redensarten: »Der läßt sich s Mulle streichla« (oder »... streicha«), er läßt sich schmeicheln. »Der sieht aus wie s Mulle am Bauch«, er ist bleich. Übertragen kann »Mulle« alles bezeichnen, was einen weichen, seidigen Pelz besitzt, zum Beispiel den Pelz eines anderen Tieres, die Weidenkätzchen (die ja auch im Schriftdeutschen wegen dieser Ähnlichkeit »Kätzchen« heißen), eine Feder, einen zarten Bart, wie ihn Knaben in der Pubertät bekommen, ja sogar die weibliche Scham. – Statt »Mulle« sagt man, je nach Gegend, zur Katze auch Mullemulle, Bale, Müs, Mützle, Mutz und Malle.

Ohrawusler. Das ist der Ohrwurm, ein Geradfüßler mit einer harmlosen Zange am Hinterende. Er lebt von Blüten und Obst und ist für uns Menschen völlig ungefährlich.

Pfauskrott. Große, wie aufgeblasen dasitzende Kröte. – Das Wort stammt von »pfaus« = dick, aufgeblasen. »Pausbacken« sind rund und voll. »Pfausbacket« oder »pfausbackig« ist gleichbedeutend mit »pausbackig«. Ein »Pfause« ist einer, der die Backen aufbläst. »Gatakrott« nennt der oberschwäbische Mundartdichter und Pfarrer Sebastian Sailer eine Gartenkröte.

Roßbolle. Pferdeapfel. – Heute Mangelware! Früher wurden sie umsonst von den Pferden geliefert. Man konnte es selbst in der Stadt erleben, daß die noch dampfenden Roßbolla von den Anwohnern mit einer Handschaufel geholt und als Dung verwendet wurden. »An Bolle« ist ein Klumpen oder eine Kugel.

Schbatz. Sperling. – Die Mehrzahl »Spatza« (oder »Schbatza«) hat vermutlich gar nichts mit der berühmten schwäbischen Mehlspeise, den Spatzen oder Spätzle, zu schaffen. Ein Spatz ist ein Gassenvogel und gar kein sauberer Geselle. So nimmt es nicht wunder, wenn die Schwaben einen Menschen, der nicht auf Reinlichkeit hält – das bezieht sich auf das Äußere wie das Inwendige –, als einen besonderen Spatz, nämlich als einen »Dreckspatz« bezeichnen.

Für die einstige Freie Reichsstadt Ulm und ihre Bürger hatte der »Schbatz« noch eine höchst eigentümliche Bedeutung, die, weil sie an einen Schildbürgerstreich erinnert, den Ulmern zu etwas Maliziösem wurde: Für den Münsterbau mußten einige riesenlange Balken von außerhalb in die Stadt geschafft werden. Sie waren länger als die Stadttore breit, und man beschloß deshalb, eines der Tore abzureißen. Doch zufällig beobachtete in diesem Moment jemand einen Sperling, der Strohhalme zum Nestbau im Schnabel trug. Seine Methode ließ sich übertragen; man brach das Stadttor nicht ab, sondern – schaffte die Balken der Länge nach durch das enge Tor. So ist der Ulmer Spatz zu einer Berühmtheit geworden wie das Ulmer Münster, die Ulmer Schachtel (einst ein Frachtschiff, das Waren von Ulm nach Wien brachte und auf dem auch schon Kaiserin Maria Theresia gen Wien geschippert ist), der Schneider von Ulm, die Ulmer Zille (ein Fischfang-Kutter) und das Ulmer Brot.

Schlofleis. Schlafläuse. – Man hört die schwäbische Mutter manchmal zu ihrem Jüngsten sagen: »Aber jetzt ens Bett, die beißet jo scho d Schlofleis!« Wenn also ein Kind vor Müdigkeit die Augen reibt, kommt der Schwabe mit seiner Erfindung von den Läusen, wie andernorts der Sandmann den Kindern Sand in die Augen streut.

Wefzg. Wespe. – Wie mit der »Muck«, so gibt es auch mit der »Wefzg« im Schwäbischen etliche Redensarten: »Des isch besser wie a Wefzg em Anka«, das tut gut (wörtlich: das ist besser als eine Wespe im Nacken. »Wer in a Wefzganescht sticht, der wird gstocha«, wer einen nicht gerade Wehrlosen attackiert, kann nicht erwarten, ohne Blessuren davonzukommen (wörtlich: wer in ein Wespennest sticht, der wird gestochen). »Der hat a Freud dra wie a Hond a ma Wefzganest«, er freut sich nicht darüber (wörtlich: der hat eine Freude daran wie ein Hund an einem Wespennest).

Ziefer. Hühner, Enten, sämtliches nützliche Kleingetier. – Das Gegenteil vom »Ziefer« ist das »Oziefer«, das Ungeziefer: Flöhe, Läuse, Wanzen und so weiter.

Zizigäk. Kohlmeise. – Sie wird im Volksmund so genannt, weil ihre Zwitscherlaute wie »zizigäk – zizigäk« klingen.

Ziefer ond Oziefer

Von Pflanzen, Früchten und Gemüsesorten

Einiges für den Schwaben und sein Verhältnis zum Pflanzenreich Charakteristische ist hier zusammengestellt. Dabei seien auch einzelne Namen und Begriffe näher umrissen, die nur im Schwäbischen beheimatet sind und zugleich als Merkmale des Schwäbischen gelten können.

Ackerschnall. Klatschmohn.

Baarn. Ist ein Heustock, der auf der Wiese zum Dörren und Trocknen des geschnittenen Grünfutters aufgestellt wird.

Badenk. Schlüsselblume, und zwar die größere Art, die schon fast ins Goldbraune geht. – In einem melancholischen schwäbischen Volkslied heißt es: »Badenka ond Klee – i han jo koi Schätzele meh!«

Baurabüable. Kleine blaue Traubenhyazinthe, die gern in Hausgärten gepflanzt wird. – Die Bauern und auch die Fuhrleute trugen früher, zur Zeit der Pferdegespanne, ein leichtes, weites, bis zum Knie reichendes Oberhemd aus blauem Stoff als Arbeitskleidung. Von dieser Bekleidung dürfte der Name der Blume stammen. Außer »Baurabüable« heißt die Muscari botryoides (so der lateinische Name) auf Schwäbisch auch »Pfafferösle«, »Kälble«, »Krügle«, »Mausöhrle« und »Kohlrösle«.

Bir. Birne. – »Bir« ist zugleich ein Spott- und Schimpfname für ein ausgefallens Exemplar des weiblichen Geschlechts. Wenn man jedoch sagt: »Du bischt a greane Bira«, bedeutet das: »Du siehst schlecht aus.«

Bluascht. Blüte. – Früher sprach man auch im Schriftdeutschen noch von Blust; heute hingegen findet man das Wort Blust, von dem unser »Bluascht« stammt, nicht einmal mehr in der Lyrik.

Bodabir. Kartoffel (wörtlich: Bodenbirne). – Siehe »Ebbir«, »Grumbir«, »Setzkartoffel« und »Kartoffelsalat«.

Bohnalied. Zum Bohnenpflücken wurden früher auf den Gutshöfen der Adeligen arme Leute angestellt, die froh waren, wenn sie ein paar Pfennige verdienen konnten. Durften sie beim Pflücken singen, so war dies schon ein großes Zugeständnis des

Gutsherrn – mehr war nicht zu erwarten. Die Redensart »Des goht übers Bohnalied« bedeutet deshalb: Das übersteigt das Erlaubte, es ist unzumutbar.

Brockela. Erbsen. – Die Bezeichnung kommt daher, daß man die Erbsen aus den Hülsen heraus-»brockelt«.

Ebbir. Kartoffel (wörtlich: Erdbirne). – Auch »Eibir« oder »Erdepfl« (Erdapfel) genannt. Abwegig ist der Name Erdbirne für die Kartoffel ja keineswegs, nur muß es den Nichtschwaben immer wieder irritieren, wenn der Schwabe Buchstaben verschluckt und so aus der Erdbirne die Ebbir wird. Siehe auch »Bodabir«, »Grumbir«, »Setzkartoffel« sowie »Kartoffelsalat«.

Erbele. Kleine Erdbeere, Walderdbeere. – Siehe auch »Preschtleng«.

Farrabüsch. Farnkraut, Farnwedel. – »Farrabüsch« haben also nichts mit einem »Farra«, einem Zuchtstier zu tun.

Fasole. Gartenbohne. – Das Wort stammt aus dem Griechischen und kann auf schwäbisch auch die Formen »Fasel«, »Fasele«, »Faseole«, »Fisol« oder sogar »Fasan« haben. Aus derselben Wurzel stammt das gleichbedeutende lateinische »faba« und das italienische »fagioli«. Die Biologen haben die Gartenbohne entsprechend »phaseolus vulgaris« getauft. »An Fasolastecka« ist eine Bohnenstange.

Gelberüab. Möhre, Karotte, Mohrrübe (wörtlich: gelbe Rübe).

Glubbel. Pflaume. Siehe auch »Zwetschg«.

Grumbir. Kartoffel (wörtlich: krumme Birne). – Als »krumme Birne« sah der Schwabe die Kartoffel an, als er sie pflanzen lernte. Dazu eine kleine Geschichte, die sich schon vor einigen Jahrzehnten zugetragen hat: Ein Mädchen vom Land bestellte sich im Gasthaus nach langem Studium der Speisekarte »pommes frites«. Als der Ober fragte, was er noch dazu bringen dürfe, antwortete sie: »Ha, brenget Se mr halt no a paar Grumbira dazu!« – Siehe auch »Bodabir«, »Ebbir«, »Setzkartoffel« und »Kartoffelsalat«.

Gugomer. Salatgurke. – Mit »Gugomer« sind nicht die kleinen Gurken, die sogenannten Delikateßgurken, gemeint, sondern die großen, grünen Schlangengurken. Eine schwäbische Spezialität ist ein Salat, der zur Hälfte aus Kartoffeln, zur anderen Hälfte aus ganz fein gehobelten Gurken besteht. Er muß gut durchziehen. (Siehe auch »Kartoffelsalat«). Auch Gurken- und Rettichsalat ist eine beliebte sommerliche Speise. Fein gehobelt, mit Zwiebeln, Essig und Öl, Salz und Pfeffer angemacht, schmeckt dieser Salat zu Wurst und Käse und zu einem Glas Bier ganz ausgezeichnet.

Heckabeerle. Heckenbeere wird im Schwabenland die Stachelbeere genannt. Der Name kommt von der dornigen Staude, an der sie wächst. Ein »Heckabeerles-Verein« ist ein Verein, der nicht leben und nicht sterben kann, etwas Kleines, Unbedeutendes. In Theodor Haerings Buch »Der Mond braust durch das Neckartal« kommt ein »Heckabeerles-Schlößle« vor; er meint damit ein kleines, verwunschenes Bauwerk. Auch die Zusammensetzungen »Heckabeerles-Gschicht« für eine unbedeutende Angelegenheit und »Heckabeerles-Wirtschaft« für ein schlecht geführtes und schlecht besuchtes Lokal kennt das Schwäbische.

Kehl. Wirsing. »Kehl« – eine Ableitung von Kohl – müßte eigentlich »Köhl« geschrieben werden, aber der Schwabe ist nun einmal unbekümmert in der Bildung neuer Wörter. Hauptsache, der Kehl ist gut zubereitet und es gibt noch ein »Rostbrätle« dazu!

Knopf. Der Knopf an einem Kleidungsstück ist bekannt, aber daß man zu einer Blütenknospe auch Knopf sagt, das wissen nur die Schwaben. »Guck amol die viele Knöpf a«, sagen sie und meinen den über und über mit Knospen bedeckten Baum oder Strauch.

Luika. Apfelart, nach dem Züchter Luik benannt.

Nägele. Gemeint ist die Nelke, hauptsächlich die Weinbergnelke, die klein ist und würzig duftet. »Nägele« sagt man aber auch vone einem kleinen Nagel, wobei allerdings das ä zu einem e wird: »Negele«. »Dr Nägele« ist natürlich der kleine Sohn des Herrn Nagel und wurde so selbst zu einem gut schwäbischen Familiennamen.

Ölmag. Ölkuchen, Preßrückstände der Ölpflanzen oder Ölfrüchte, zum Beispiel des Mohns, der Sonnenblumen, des Flachs oder des Hanfs.

Peterleng. Petersilie. – Redensarten: »Der Kerle isch der Peterleng uf älle Suppa«, er muß überall das erste und letzte Wort haben. »Er isch koin Peterling wert«, er ist nichts, keinen Pfifferling wert.

Preschtleng. Große Gartenerdbeere(n). – »Preschtleng« sagt man auch zu einer großen, roten Nase, die auf einen Weinkenner schließen läßt.

Rombele. Steckzwiebel.

Schmack. Geruch. – Man spricht etwa von »Geranieschmack«, »Resadaschmack« oder »Zirengaschmack« (siehe »Zireng«). »Schmack« kann aber ebenso Gestank bedeuten, wie ja auch ein Blütenduft zu intensiv werden kann.

Schmackesbrett. Blumenbrett; Fläche im Haus, auf der Blumenstöcke ihren Platz haben, zum Beispiel ein Fenstersims.

Schmalzbloam. Dotterblume, die auf feuchtem Boden gedeiht.

Soachbluam. Ist ein blühender Löwenzahn, der wohl wegen seiner gelben Farbe diesen Namen erhalten hat. Er wird auch »Bettsoicher« genannt wie die kleinen Kinder, die noch nicht wasserdicht sind.

Träuble. Johannisbeere. – Sie füllen die Eindünst- und »Gsälz«-gläser der Hausfrau. Beliebter als reine Johannisbeermarmelade ist »Dreierlei-Gsälz«, Dreifrucht-Marmelade, die meist als Kirschen, Himbeeren und roten Johannisbeeren hergestellt wird. Träuble eignen sich gut zum Kuchenbacken, und aus ihnen wird ein stark alkoholisches Getränk hergestellt, der »Träublesmooscht«. Er läßt sich angenehm trinken, hat aber die Eigenart, nicht nur in den Kopf, sondern auch in die Beine zu gehen. Vorsicht!

Zireng. Flieder, Syringe.

Zwetschg. Zwetschge. – Schwaben ist ein reiches Zetschgenland. Es werden nicht nur viel Zwetschgen eingekocht und eingeweckt, sondern der Zwetschgenschnaps ist so verbreitet wie das Kirschwasser. »Die Zwetschge ist von der pruna damascena, der Damaszener Pflaume, abgeleitet. Hat man einen Balla, so fällt einem die Aussprache des Wortes Zwetschge schwer, wo doch die Schreibweise schon nüchtern Mühe macht. Ein Schultheiß, der den Baumbestand seiner Gemeinde melden sollte, gab nur Nußbäume an. Als er deshalb gerügt wurde, verteidigte er sich mündlich: ›Freilich – mir häbet nex als Zwetschgabeem – aber dr Deifel schreib Zwetschga!‹« (Thaddäus Troll) – Die »Zwetschgadörre« ist eine Vorrichtung zum Dörren von Obst – aber auch Theaterplatz im obersten Rang, wo die Luft meist so warm und trocken ist, daß man Zwetschgen dörren könnte. (Einen billigen und daher schlechten Theaterplatz nennt man auch »Halonka-Losch«, Halunken-Loge.) – Siehe auch »Glubbel«.

Die Sprache – ein Spiegel der Umwelt

Einiges vom Grüßen

Bei den Grußformeln im guten oder bösen Sinn gilt, daß der Ton die Musik macht. Besonders grobe Formeln beschließen häufig abrupt eine Begegnung und machen dem Angesprochenen deutlich, daß er durch eine Fortsetzung des Gesprächs beim Partner nichts mehr gewinnen kann: »Verschwend!« »Hau ab!« »Verziag de!« »Do hot dr Zemmerma s Loch naus gmacht!«

Adele. Hat mit dem weiblichen Vornamen Adele nichts zu tun, wenn es auch gleich ausgesprochen wird. Wieder wird ein zärtliches »-le« angehängt, so daß aus »ade« (Adieu! Lebewohl!, siehe »ade«) »adele« wird. Das ist allerdings höchstens unter Freunden oder Verliebten üblich. »Adele, mei Schätzle!«

Batsch. Handschlag. – »Geb mr au en Batsch« heißt: gib mir die Hand! In der Verniedlichungsform fordert die Mutter das Kind auf: »Gib a scheens Bätschle!« Auch zum Hund sagt der Schwabe: »Gib a Bätschle!« anstatt: »Gib Pfötchen!«

Grüß Gottle. Er bedeutet nicht etwa einen Mangel an Ehrfurcht: das »Grüß Gottle« des Schwaben ist eher das Zeugnis seiner familiären Verbundenheit mit dem Herrgott – und seiner Vertrautheit mit den so Begrüßten.

Gsondheit. Zum Wohl, Prosit! – Entspricht dem: »Gsegn dirs Gott!« Wenn man in die Runde prostet, sagt man: »Gsondheit allerseits!« »Gsondheit trinka« heißt gesund trinken. Gegen den Alkohol richtet sich der alte Spruch »Je mehr ma mit Freund auf Gsondheit trinkt, je mehr d eigne Gsondheit hinkt.« Allgemein gibt es viele Wendungen und Redensarten über die »Gsondheit« – die übrigens viele gern mit »X« schreiben: »Xondheit« –, zum Beispiel: »Gsondheit goht über älles«, »d Gsondheit isch net von Eisa«, »d Gsondheit sollt mer schona«, »ma kann auf Gsondheit lang neihausa, aber im Alter zahlt sichs gewöhnlich aus«.

Guts Nächtle. Wer »Gute Nacht« zum anderen sagt, meint es höflich, wer aber »Guts Nächtle« sagt, der läßt ein bißchen Wärme und Liebe mitsprechen.

Hazzi. Beim Niesen anstelle des Ausrufs: Zur Genesung! – Gelegentlich auch: »Latschi!« In der Kindersprache heißt es: »Mach a Hazzi!«, wenn das Kind sich schneuzen soll, und eine stark duftende Pflanze ist »a Hazziblum«.

Kuß me! Wörtlich: Küsse mich! – Das hat natürlich mit Küssen im üblichen Sinn nichts zu tun. Wenn der Schwabe dieses Wort anwendet, dann bedeutet es genau das Gegenteil, also eine Einladung (geschickt angebracht sogar straffrei), die der Leser im »Götz von Berlichingen« nachschlagen kann.

Aus der Verwandtschaft und Bekanntschaft

Das Schwäbische kennt eine Reihe von Verwandtschaftsbezeichnungen, die einem Nichtschwaben unverständlich sind. Hier nur einige davon.

Ähne. Großvater.

Ätte. Vater. – Auch die Formen »Dädde«, »Edde«, »Edi«, »Ed«, »Nede«, »Ade«, »Dade«, »Dadi«, »Dede« und »Dati« sind gebräuchlich. – Das Wort kommt aus der Kindersprache. Gegenstück dazu ist »Amm«. Eine Redensart lautet: »Dr Aette isch wie d Ahn«, der Apfel fällt nicht weit vom Stamm. Siehe auch »Babbe«.

Ahne. Großmutter.

Amm. Mutter. – Das Wort leitet sich natürlich von Amme ab, dem alten, dem Begriff »Mama« verwandten Lallwort der Kinder, das es auch in anderen Sprachen sehr ähnlich gibt, etwa griechisch »ammia« oder spanisch »ama«. Das Gegenstück zu »Amm« ist »Ätte« (siehe dort; vergleiche auch »Mamme«).

Babbe (mit offenem e). Vater. – Das Gegenstück hierzu ist »Mamme«. Siehe auch »Ätte«.

Kuß me!

Bas. Cousine. – Häufig hört man das freundlichere »Bäsle«. Mancherorts hat »Bas« überdies die Bedeutung Schwester des Vaters, also Tante väterlicherseits; das Gegenstück hierzu ist dann die »Mume« beziehungsweise der »Oheim« (siehe diese). Eine »Schwatzbas« ist ein besonders redseliges Mannsbild (!) oder Frauenzimmer; auch der gleichbedeutende Ausdruck »Frau Bas« wird sowohl auf weibliche als auch auf männliche Exemplare der unter Redefluß leidenden Spezies angewandt. Ein »Bäsle« schließlich muß nicht unbedingt einen Verwandtschaftsgrad aufweisen: Es bezeichnet auch die Hebamme und, verschleiernd, die Partnerin in einer wilden Ehe, die Konkubine.

Dod. Taufpate. – Auch »Dede«, »Döde«, »Gott«, »Götte« oder »Pfedderich« genannt. »Dod« kann auch die Taufpatin meinen (vergleiche auch »Dode«). »Heul a bißle, lach a bißle, / morge kommt dei Döde, / hat a lange Wurscht em Sack / ond a zuckrigs Brötle«, heißt ein alter Kindervers.

Doda. Beide Taufpaten.

Dode. Taufpatin. – Auch »Dod« oder »Gotte« genannt. »Dode« ist zugleich ein anderes Wort für Hebamme. Vergleiche auch »Dod«, »Doda« und »Dodle«.

Dodle. Patenkind. – Auch »Dödle« oder »Göttle« genannt.

Gschwistrigkend. Neffe oder Nichte.

Gschwistrigkendskend. Großneffe oder Großnichte.

Kendlesbas. In ländlichen Gegenden ist das heutzutage noch die Bezeichnung für die Hebamme. Früher war die Kendlesbas einfach die Frau, welche die kleinen Kinder »ins Haus« brachte. Siehe auch »Bas«.

Mamme (mit offenem e). Mutter. – Das Gegenstück hierzu ist »Babbe«. Siehe auch »Amm«.

Mume. Tante mütterlicherseits, also Schwester der Mutter. – Vergleiche auch »Bas« und »Oheim«.

Oheim. Onkel.

Söhner. Schwiegersohn.

Söhnere. Schwiegertochter.

Namen für Kinder und andere

Die Namen – meist Kosenamen –, die wir hier nennen, beziehen sich in der Hauptsache auf das kindliche Lebensalter. Einige weitere haben etwas mit der Begegnung der Geschlechter zu tun. Das Stadium der Verliebtheit präsentiert sich in derartigen Bezeichnungen als harmlos wie die Kindheit.

Aminaschlupferle. Diese Koseform ist nur aus dem Wort selbst zu übersetzen. »A« = an, »mi« = mich, »na« = hin, »Schlupferle« = anschmiegendes Wesen. »Aminaschlupferle« ist die Bezeichnung eben für ein liebes, anschmiegsames Wesen, etwa ein Kind oder eine Liebste.

Bams. Ist scherzhaft ein dickes Kind. – Als Kosewort geläufig: »Bampfesle«, »Bempesle«.

Bember. Kleines Kind; ursprünglich kurzer, kleiner, dicker Mensch. – Auch die Form »Bamper« ist gebräuchlich. Siehe auch »Hosabembes«. »Du kleins Bemperle!« sagt man verdoppelnd. Ein »Bämper« ist ein Knirps.

Bobbele. Kleines Kind, Wickelkind. – Weitere Formen: »Böbbele«, »Böbberle«. Das Wort kommt entweder von »Bobo« = Po, oder von »Bobbel«, das heißt Knäuel, aber auch: dummer Mensch.

Butzele. Kosename für kleine Kinder, hauptsächlich für Mädchen. – Anders ist es, wenn sich ein Kind beim Essen versappert, dann ist es »a Butzel«, was soviel heißt wie ein kleines Schwein, trielendes Ferkel.

Därgl. Kleines Kind. – Das kann nun »a goldicher Därgl« oder ein »eigasennicher Därgl« sein. Das Kosewort ist abgeleitet von torklen und kommt auch in den Formen »Dergl« und »Dörgel« vor. Man spricht von einem dicken, dummen, netten Därgel. »Dörgele« ist ein Knirps, ein Kramp (siehe dort).

Dock. Puppe. – Das »Dockele« ist das Püppchen. Hat ein Schwabe eine Bekanntschaft gemacht, so erzählt er seinem Freund nicht, er habe »eine hübsche Puppe« kennengelernt, sondern »a nette Dock«.

Häsle, heurigs. Es gibt junge und alte Hasen, diesjährige (heurige) und solche vom letzten Jahr. Junge Leute, besonders nette junge Mädchen, sind »heurige Häsla«, »mittelalterliche«, aber immer noch temperamentvolle Damen sind dagegen »keine heurigen Häsla« mehr.

Heidasäbele. Hier ist aus dem versteckten Fluch »Heidasabel« ein Kosename geworden für ein kleines Kind.

Hopfazitz. Ausdruck für ein quicklebendiges Kind, das kein Sitzleder hat. Es gibt auch den Familien- und Wirtshausnamen Hopfenzitz.

Hosabembes. Ein kleines Kind, das seine ersten Höschen trägt. Die zweite Silbe läßt tiefer blicken: »Bembes« bezieht sich auf den möglichen Inhalt des Höschens.

Kegel. Kind, vor allem uneheliches oder außereheliches Kind. – »Mit Kind und Kegel« heißt soviel wie: mit Sack und Pack. »Kind und Kegel« = alle, alles, alle miteinander. – Bei den germanischen Stämmen konnte ein Fürst neben der Hauptfrau eine Nebenfrau, die sogenannte Kebse, haben. Die Nebenfrau, oft aus Liebe geheiratet, war ursprünglich gleich geachtet wie die Hauptfrau, mit der das Ehebündnis meist aus politischen Erwägungen heraus geschlossen wurde. Rechtlich gesehen hießen die Kinder der Nebenfrau: Kegel. Kind und Kegel bedeutet also zunächst: Kind einer Hauptfrau und Abkömmling einer Nebenfrau. Das Wort »Kebse« sank später ab und bedeutete dann Dirne, Hure. So muß es im Nibelungenlied im Wort Kriemhilds bei dem berühmten Streit der Königinnen gegenüber Brünhild verstanden werden. Aus der tödlichen Beleidigung erwuchs der Gedanke an die Ermordung Siegfrieds. – »Kegel« wandelte seine Bedeutung entsprechend und hieß nun un- oder außereheliches Kind.

Kramb, Kramba. Unbändiges Kind.

Krischkendle. Zimperliches, überängstliches, hilfloses weibliches Wesen. Aber es ist natürlich auch das Christkind.

Lausmädle. »Du Lausmädle«, sagt man zu einem kleinen Mädchen, das etwas vorlaut ist und zudem etwas Ungeschicktes oder Ärgerliches angestellt hat. Es ist kein eigentlicher Schimpfname, aber auch kein richtiges Kosewort, sondern das Pendant zu »Lausbua«.

Mädlesfüaßler. Ist einer, der den Mädchen nachläuft oder sich mehr zu den Mädchen als zu den Buben hält.

Mammakendle. Ein Kind, das sich in jeder Situation verzweifelt an die Mutter klammert.

Moggele. Bezeichnungen für junge Tiere (siehe »Moggele«, Seite 146) werden auch liebevoll unter Menschen, hier für ein rundliches Kind, angewandt (vergleiche »Butzele«).

Naschnuckerle. Weiches, liebeshungriges (kleines oder großes) Mädchen.

Pfätschakendle. Ist ein noch in den Windeln liegendes kleines Kind. Doch kann ein Pfätschakendle auch ein Erwachsener sein, der sich kindlich, hilflos und unselbständig benimmt.

Schatzamockele. Zärtlicher Name – Steigerung von »Moggele« (siehe dort).

Spätzle. Gleichbedeutend mit Schätzle.

Trampele. Munteres Kind. – Natürlich ist das Wort von »trampla«, trampeln, abgeleitet. »Komm, Trampele, mir wöllet tanza!« heißt es in einem Kinderlied.

Zipfele. Kosename für Kinder, aber ein Zipfele ist auch ein ungeschickter Mensch. Und ein kleines Schwänzchen – an der Wurst oder am Bub.

Die anderen sind's – nicht ich

Im Titulieren von menschlichen Wesen scheint die schwäbische Sprache unerschöpflich. Hier sei ein Auszug aus dem Namenskatalog gebracht, der wenigstens den Variationsreichtum und die Buntfarbigkeit der Bezeichnungen andeutet. Grobheit, strapazierte Höflichkeit, Humor, Gemütstiefe und beißender Spott lassen sich daraus ablesen. Alle Lebensbereiche dienen dabei als Fundgrube. Die Vergleiche, die gezogen werden, gleichgültig, ob es sich um Beispiele aus der Tier-, Pflanzen-, der dinglichen Welt oder der Menschenwelt handelt, stempeln den so Benannten in einmaliger und unwiderruflicher Form ab. Vor allem ist das Register der Schimpfwörter weiträumig, so daß innerhalb der einzelnen Abstufungen noch Möglichkeiten einer Nuancierung liegen. So kann ein bestimmtes Grundwort, etwa Bachel oder Dackel, durch entsprechende Zusätze und Erläuterungen allerlei

Überraschungen, ja ungeahnte Steigerungen erbringen. Wer's genauer wissen möchte, sei auf das Buch »Thaddäus Trolls schwäbische Schimpfwörterei« verwiesen, in dem 365 schwäbische Schimpfnamen genau erklärt und etwa 1500 weitere genannt werden.

Bachel. Spottname für einen, der doof und tollpatschig ist oder sich dafür ausgibt. Er geht dem Schwaben schnell von der Zunge. »Allmachtsbachel« ist noch eine Steigerung des normalen Bachels.

Bäffzg. Keifendes Weib.

Bähmulle. »Bäha« heißt etwas in der trockenen Wärme ausdehen; »Mulle« ist die Katze. – Eine Katze, die sich bäht und sich's in der Wärme wohl sein läßt, wird faul und bequem. Ein Mensch, der nur faul hinter dem Ofen hockt, der weder Initiative noch Mut zeigt, wird auch so genannt.

Bära-Oi. Bären-Ei. – Den alten Schwaben und besonders den alten Stuttgartern ist dieser mittlerweile kaum mehr gebräuchliche Schimpfname nicht unbekannt. So nannte man einen, der ein wenig dumm und naiv war. Vermutlich kommt der Name daher, daß einstmals einer glaubte, die Bären legten Eier.

Balla. Hier werden beide a klar und offen ausgeprochen. Der Balla ist dem »Hamballe« (siehe dort) ähnlich; er begreift schlecht, ist schwerfällig, sagt immer etwas Ungeschicktes. Wird nun aber das zweite a nasal ausgesprochen, wie die meisten schwäbischen Endungen, so ist dieser Balla ein Rausch, ein Ballon. Balla mit der Betonung auf der ersten Silbe und offenem a ist ein Ballen aus Stoff, Federn, Butter oder anderem Material. In Sebastian Sailers Singspiel »Die Schöpfung der ersten Menschen, der Sündenfall, und dessen Strafe« von 1743 beklagt Eva, zu welchen Tätigkeiten sie nach dem Urteil Gottes verdammt ist: »[...] Rohm aneamma, Butter rüahra, d' *Schlüsselballa* a mar führa, und darnoh zum Lau d' Moischterschaft itt hau [...]«, das heißt: Rahm abschöpfen, Butter schlagen, die verpackten Butterstücke (genauer: die geschlossenen Ballen) wegschaffen, und danach als Lohn die Herrschaft nicht haben.

Bauradrampl. Eine dicke, derbe und ungewandte Person.

Bloder (mit nasaliertem o). So wird ein weibliches Wesen bezeichnet, das sich nicht gut, vor allem aufgeblasen benimmt.

Bobbel nennt man spaßeshalber einen guten Bekannten, wenn er etwas nicht richtig verstanden oder etwas verkehrt gemacht hat. Vergleiche »Bobbele«.

Bronnabutzer. »Der hat aber gschafft wie a Bronnabutzer!« sagt man anerkennend von einem, der wirklich fleißig war. Das Brunnenputzen war früher eine sehr schwere Arbeit.

Bruttler, Bruttelhafa. Das ist ein Mann, dem man aber auch gar nichts recht machen kann, ein Ober-Nörgler.

Dabber. Linkischer Mensch. – »Jeder Dabber find' sein Schlabber«, sagt man in Anspielung auf die zweite Bedeutung des Wortes (Dabber = Schlabber = Pantoffel) und meint damit: Jedes Töpfchen hat sein Deckele, was zusammenpaßt, findet sich auch.

Dackel. Dachshund; aber in diesem Fall: Blödsinninger. – »Musch du da Dackel macha!«, mußt du dich unbedingt zum Narren machen! »Der schafft wie a Dackel«, er arbeitet viel. »Dackelich«, »dackelhaft«, »dackelhäftig« bedeutet plump, unbeholfen. »Sich dackelig schaffe« = sich halb tot arbeiten. Schlimmer als die Bezeichnung »Dackel« ist das Schimpfwort »Halbdackel«; sanfter ist das »Dackele«, das soviel wie dummes Kind bedeutet.

Däpp. Dummer, tapsiger Kerl.

Denge, Denger. »Deng« ist das Ding. »Denge« ist die weibliche, »Denger« die männliche Form des fast neutralen Schimpfworts, das aber in jedem Fall eine gewisse Vertraulichkeit widerspiegelt. – Wenn einem ein Wort nicht einfällt, sagt man statt dessen »Dings« oder »Dingda«. In ähnlicher Weise unbestimmt ist die Bezeichnung »Denge« oder »Denger«. Sie kann freundlich, liebevoll spöttisch, ja sogar kosend gemeint sein: »a nette Denge« – »a netter Denger« – »a braver Denger« – »a saubers Deng«. Sie kann aber auch böse, herabwürdigend, beleidigend, bemitleidend gebraucht werden: »a wiaschter Denger« – »a lompige Denge« – »a liederliche Denge« – »a grober Denger«. Ein alter schwäbischer Spruch lautet: »Wenn du Denger zu meiner Dengere Dengere saischt [sagst], no sag i zu deiner Dengere au Dengere!« Und eine Beschimpfung: »Du bisch a Denger wie onsers Herrgotts Roß, on des isch an Esel gwä.«

Dibbel. Ähnlich wie »Dackel« oder »Däpp«. – »Dir ghört doch dr Dibbel bohrt«, du gehörst auf deinen Geisteszustand untersucht. Düppel ist eigentlich die Drehkrankheit der Schafe und Ziegen, die man früher dadurch zu beseitigen versuchte, daß man den Schädel der Tiere anbohrte. Unter »Wochadibbel« versteht der Schwabe die Kinderkrankheit Mumps.

Dreckler. Ein Dreckler ist ein Mensch, der besonders langsam in allem ist und sich viel zu lange bei jedem Dreck (Arbeit) aufhält.

Dubbel sagt man zu einem, der etwas beschränkt ist. – Der isch aber dubbelig!

Fetz. So oder auch in der erweiterten Form »Fetzaberger« nennt man einen Menschen, der mit allen Wassern gewaschen ist, jedoch nicht immer im schlechten Sinn. Der »Fetzaberger« ist schlagfertig, jeder Sache gewachsen, gerissen, kühn – kurzum, so etwas wie der Hans Dampf in allen Gassen, ein Allerweltskerl oder ein Allerweltsmädle.

Fledrawisch. Wörtlich: flatternder Wisch. – »Fledra« heißt eigentlich mit den Flügeln schlagen, wird aber in der Bedeutung »wegwerfen, herumstreuen«, auch: »lustig tanzen« benützt. Ein »Wisch« ist ein Staubbesen oder ein kleiner Besen, wie man ihn zum Beispiel benützt, um das Auto auszukehren. Ein »Fledrawisch« ist ein Staubwedel. Auch der Blütenstand des Flieders wird so bezeichnet. Ursprünglich war der »Fledrawisch« oder »Flederwisch« eine Gänsefeder zum Abwischen des Herdes oder eine Stange, an die Moos gebunden war und die man zum Auskehren der Öfen in den Backhäuschen verwendet hat. Menschen, die aussehen wie eine solche Stange, also hager und mit zerzaustem Haar, jedenfalls ungepflegt, schimpft man folgerichtig »Fledrawisch«. In manchen Gegenden wird das Wort auch auf Mädchen angewandt, die von einem Verehrer zum anderen flattern.

Freßsack. Nimmersatt.

Furzklemmer. Das ist ein übertrieben sparsamer, ja geiziger Mensch. – Wie es zu diesem Wort kommt? Der damit Gemeinte ist sogar zu geizig, um die erste Silbe des Wortes auf einmal an die frische Luft zu lassen. Und wenn einer schon dabei sparsam ist ...

Gischbel. Närrischer, überspannter Kerl, Geck. – »Sei doch net so fahrich, alter Gischpel!«, sei nicht so unkonzentriert-hyperaktiv, du überspannter Kerl! »Dem isch der Gischpel ins Hirn gstiega«, bei dem ist nicht nur das ganze Wesen überspannt, auch das Hirn ist bereits davon erfaßt.

Glockaputzer. Hausklingelreiniger. – Wenn es nur darum ginge, bedürfte es keiner weiteren Erklärung. Aber der eigentliche Sinn steckt in dem Lausbubenstreich, der sich dahinter verbirgt: Die jugendlichen Täter drücken möglichst mit der ganzen Hand kräftig auf sämtliche Hausglocken und nehmen dann die Beine in die Hand. Weh dem, der erwischt wird! – Ein kleiner Bub müht sich ab und versucht, zu einer solchen Hausglocke hinaufzureichen. Der Pfarrer, der vorbeikommt, fragt: »Soll i dir helfe?« – »Ja«, sagt der Bub, und der Pfarrer drückt kräftig auf die angegebene Klingel. Da meint der Bub eilig, aber verschmitzt: »Jetzt müsset mer aber saua [laufen], Herr Pfarrer, sonscht kriga mer da Ranza voll!«

Gog (mit nasaliertem o). Weingärtner aus der Tübinger Gegend. – Vorsicht, lieber Leser, wenn du einmal nach Tübingen kommst! »Gog« oder »Raup«, wie man sie auch nennt, darfst du dort nicht sagen, das nehmen sie übel. Sie sind rauh, aber herzlich.

Gruschtel wird eine Frau genannt, die im Aussehen, in der Kleidung, im Auftreten und in ihren Ansichten altmodisch ist und dazuhin noch unbrauchbaren alten Plunder (»Gruscht«) sammelt.

Gschtell. Regal aus dünnen Holzlatten. – »Gschtell« heißt aber auch eine Person, die mehr Knochen als Fleisch an sich hat. Man nennt sie auch »Latta-Gschtell«, Lattengestell (vergleiche auch »Latt«).

Habergois ist die Bezeichnung für ein schlecht gepflegtes und schlecht ernährtes, klappriges Pferd. Manchmal bezeichnet man aber auch ein mageres oder schlecht beleumundetes Mädchen so.

Häfelesgucker nennt man einen Mann, der sich um alles kümmert, auch um Dinge, die ihn nicht zu kümmern bräuchten. Er guckt in alle »Häfele«, Töpfe. Die Frauen mögen solche Männer nicht.

Häftlesmacher. Das war ein Handwerker, der früher die Haken und Haften an Kleidungsstücken, Korsetten und anderen Textilien anbrachte. »Do musch ufbassa wie a Häftlesmacher« bedeutet: Da mußt du sorgfältig und pünktlich sein wie der Haftmacher, sonst ist die Arbeits nichts.

Hamballe. Hampelmann, ein ungeschickter, aber nicht unbedingt dummer Mensch.

Herrabuaba. Das sind Buben im Alter des Stimmbruchs und der ersten Barthaare, die gern die Herren spielen möchten.

Herrasetzling. »Ableger« oder »Setzlinge« des Herrn und Gebieters, Herrenkind, Herrensohn. Ähnliche Begriffe: »Herraschwänzler« = Liebesdiener; »Herraschmecker« = Schmeichler.

Hitzeblitz ist ein hitzköpfiger Kerl, den man wegen seiner Schnelligkeit und Heftigkeit mit einem Blitz vergleicht.

Hommelerskopf. Hommeler ist die Bezeichnung für einen Ochsen, der bekanntlich einen großen Kopf hat. Und so nennt man beim Menschen einen extragroßen Kopf auch »Hommelerskopf«.

Hope. Schreier, Stänkerer

Hurgler. Einer, der charakterlich aus der Reihe tanzt. Es gibt nur einen männlichen Hurgler. Er ist nicht direkt schwierig, eher ein wenig pfiffig und zu Streichen aufgelegt. Eine »Hurgel« ist eine kugelrunde Frau. »Dia isch scho hurgel-wargeldick«, sagt man doppelt verstärkend und meint: sie ist ein Faß.

Jauner. Geriebener, listiger Kerl; kein Gauner.

Jockel. Kurzform von Jakob, auch Spottname für einen beschränkten Menschen. – »Des isch halt ein rechter Jockel«, er ist eben ein richtiger Narr. »Musch du überall da Jockel gmacht han?«, mußt du dich überall als Dummkopf aufspielen? »Jockele, gang du voran, du hascht die gröschte Stiefel an«, heißt ein alter Spruch.

Kaschta. Große, dicke, vierschrötige Frau.

Klob. Starker Haken, der in die Wand geschlagen wird, um etwas Schweres daran aufzuhängen. – Auch ein grober Mensch ist ein »Klob«. Verstärkt: »Sauklob« = Lump, verkommener, sadistisch aggressiver Kerl. »Klob« oder »Kloba« nennt man auch eine alte Tabakspfeife mit großem Kopf. »Der hot da ganza Tag sein Kloba em Maul«, den ganzen Tag hat er seine Pfeife im Mund.

Klufahäfele. Ganz Schlaue haben das Klufahäfele erfunden (Klufe = Stecknadel) und seinen Platz in die Hölle verlegt. Hat einer etwas recht Dummes gemacht, so sagt der Schwabe: »Der kommt ufs Klufahäfele!« Also auf ein Töpfchen oder einen »Hafen«, der mit Nadeln gespickt ist. Das muß ein angenehmes Gefühl sein ...

Klufamichel ist einer, der sogar mit Stecknadeln geizt, also ein Geizhalz.

Knicker. Knauserer, Geizkragen.

Kopper. Stößt es dem Schwaben auf, rülpst er, so hat er einen Kopper gelassen. Dies gehört wohl in China zum guten Ton und ist gleichzeitig ein Kompliment für die Küche, bei uns ist es verpönt und unanständig. Deshalb ist auch der, der einen Kopper läßt, ein unanständiger Mensch. Früher hatten Tippelbrüder die Möglichkeit, in einem von der Gemeinde gestellten Haus Essen und Wohnung für eine Nacht zu bekommen; für dieses Haus hat sich der Name »Kopperhaus« (Armenhaus, Obdachlosenheim) eingebürgert.

Kotlett-Batscher. Ein Mensch mit wenig Verstand – es reicht gerade hin, daß er ein Kotelett »batscha« (klopfen) kann.

Kracher. Unliebenswürdiger Name für einen alten Mann.

Krampfbolla. So wird eine Frau bezeichnet, die eine unförmige Figur hat.

Krawallschachtel heißt man eine Frau – jung oder alt –, die wegen allem und jedem Händel sucht, Lärm schlägt und ewig Geschrei macht.

Lahmel ist eine träge Person; kommt es noch schlimmer, wird aus dem Lahmel ein »Lahmarsch«.

Latt. Spottname für einen langen, dürren Menschen. – »Du lange Latt!« sagt man zu einer »Bohnenstange«.

Leonhardsschlamper. Dieses Schimpfwort ist nur noch den alten Stuttgartern bekannt. Es betraf Leute, die sich in der Gegend um den Leonhardsplatz, das heißt in der anrüchigen Altstadt herumtrieben und ohnehin nicht den besten Ruf hatten.

Lötfeila. Taugenichts, Nichtsnutz. – Die Feile, mit der man die stahlharte Schicht abfeilt, die sich immer wieder an der Spitze des Lötkolbens bildet, ist nach getaner Arbeit unbrauchbar, man muß sie wegwerfen. Eine menschliche »Lötfeila« ist ebenso unbrauchbar.

Lole. Entspricht ungefähr dem »Lahmel«; aber er ist nicht bloß ausgesprochen langsam, sondern auch noch ein wenig einfältig.

Lugabeutel nennt man einen, der (harmlos) lügt, bei dem den Eindruck hat, er dürfe nur in seinen Lugenbeutel greifen, um immer wieder neue Lügen und Aufschneidereien bei der Hand zu haben.

Mändle. Anrede für einen, den man auf Abwegen ertappt; die Bezeichnung kann aber auch, je nach Adjektiv, anerkennend gemeint sein: »a schneidigs Mändle«, »a gscheits Mändle«. In der Mehrzahl (»Mach mer koine Mändla«) bedeutet das Wort soviel wie »Fissemadenda« (siehe Seite 44).

Maunzer. Kater; jammerndes Mannsbild. Weibliche Formen: »Maunzere«, »Maunzkatz«, »Maunzkachel«, »Maunzkächele«. »Alte Weiber sollen keine Maunzerinnen sein«, sagte einst Pfarrer Flattich.

Mockel ist ein untersetzter, gedrungener Kerl; es kann aber auch ein plumpes Weibsbild oder aber nur ein widerwärtiger Mensch sein.

Ofaruasler. Kaminkehrer, Schornsteinfeger; aber auch der Hafner, der wirklich den Ofen rußt.

Päpperer. Wer den Mund nicht halten kann und viel ausplaudert, ist ein Päpperer.

Pfautzkrott. Spottname für bequemes, dickes Weib.

Pflumpfsack. Körperlich schwerfälliger Mensch.

Plärrer. Schreier. – »Plärrhafa« sagt man von einem heulenden Kind. Ein »Plärrochs« ist ein chronischer Heuler.

Prägler. Einer, der alles beprägelt, das heißt des langen und breiten bebrütet und bespricht: ein Umstandskrämer.

Rabbler. Aufgeregter Mensch, Spinner.

Rätsch. Heißt man eine heute noch gebräuchliche Schnarre aus Holz, die im Herbst in den Weinbergen zum Verjagen der Vögel verwendet wird. Auch eine Frau, deren Mundwerk nie stillsteht, wird »Rätsch« genannt. Ihr männliches Gegenstück ist ein »Rätscher«.

Rambas. Unruhiger, grober Kerl.

Rauhbauz. Er ist robust, ungeschlacht, rauh, aber gutmütig.

Rempa. Ein derber und ziemlich unkultivierter Mensch ohne Manieren.

Riebeleskopf nennt man einen großen, manchmal harten Kopf. Sagt man »Wasserriebeleskopf«, so handelt es sich um ein besonders prächtiges Exemplar.

Sägmehltante. Frauen jeglichen Alters, die sich ungeschickt, zimperlich und geziert benehmen, nennt der Volksmund »Sägmehltante«. – Daß aber nicht nur Frauen mit Sägmehl zu tun haben, beweist folgender kleiner Dialog: Ein Schwabe fragt den anderen: »Sag, hosch du a Loch em Kopf?« – »I? Worom?« – »Ha, weil du Sägmehl uf deim Buckel hosch!«

Schäaga. So tituliert man eine schlampige Frau. Schiefgetretene Absätze sind »abgeschäagt«. Hat jemand einen schlechten Gang, so sagt man: »Wia der (oder dia) daherschäagt!«

Schätterer. Einer, der meckernd lacht – oft bei unpassenden Gelegenheiten.

Schbeemena. Spottname für eine naive, unselbständige Frauensperson.

Schbritzer. Übermütiger junger Kerl, oft verstärkt: »a jonger Spritzer«. Man nennt ihn auch »Fant«, »Lecker« oder »Lakel«.

Schergeischt. Das ist ein Mensch, der die anderen stört, von dem Unruhe ausgeht.

Scheuraburzler. Wenn einer vom Scheunenboden herunterpurzelt, weiß man nicht, wie er unten ankommt. Wer gern Streiche ausheckt, deren Ausgang zweifelhaft ist, kriegt deshalb diesen Namen angehängt.

Schlapper. Ist die Bezeichnung für ein sehr gut gehendes weibliches Mundwerk.

Schlaule. Schlauer, listiger Mensch, Schlaumaier. – Das Schlaule hat es in sich: Es ist schlagfertig und gerissen und versteht sich aus den verzwicktesten Situationen herauszumanövrieren.

Schlawiner. Nachlässiger, unsteter, aber nicht dummer Mensch, der keine Verantwortung kennt.

Schlurger. Einer, der schlurft; im übertragenen Sinn ein etwas haltloser, tadelnswerter Mensch.

Schnokahuaschter. Heimtückischer, widerlicher Mann, ein Leisetreter, einer, der es faustdick hinter den Ohren hat und dies die anderen ungut spüren läßt. Sein Spottname vereint zweierlei, das der Herrgott nur erschaffen hat, um dem Menschen die Unergründlichkeit des Schöpfungsplans zu verdeutlichen, nämlich die Schnaken und den Husten.

Sembl. Simpel. – Er ist einfältig, geistesschwach; oft auch nur ein bißchen dumm. Das Wort leitet sich vom lateinischen »simplex« (= einfach) ab. Auf der Alb heißt der Sembl »Simpack« oder »Sempach«.

Siach. Siech, elend, krank, bresthaft. – Wenn der Schwabe einen anderen einen »kromma [krummen] Siach« heißt, hat er einen allmächtigen Zorn auf ihn, und es ist besser, wenn man ihm aus dem Weg geht.

Sirmler. Wer lahm und unkonzentriert arbeitet, ist ein Sirmler – aber auch einer, der nüchtern herumtaumelt.

Tralle, Trallewatsch. Gutmütiger Schwächling; das Gutmütige geht nahe ans Dumme, Einfältige.

Trampel. Nennt man eine schwerfällige, plumpe Frau. Es gibt auch das »Trampeltier«. Das ist dasselbe und kann sich auch auf das männliche Geschlecht beziehen.

Trialer. Trübsinniger, unordentlicher, im Denken und Handeln langsamer Kerl.

Trogsau. Sau am Trog; Schimpfname für einen, der sehr eßlustig und ein bißchen schweinisch ist.

Waidag. Da müssen die Schwaben sehr verärgert und bös sein, wenn sie einen mit Waidag bezeichnen, vielleicht »O du wetterschlechtiger Waidag!« oder sogar »O du waidägiger Waidag!« zu ihm sagen. »Waidag« meint den Lumpen, den Ehebrecher, aber oft auch nur den, der einen Streich gespielt hat. Wörtlich heißt das Schimpfwort »weher Tag«.

Waschlabba. Eigentlich Waschhandschuh zur Körperreinigung. Hier aber ist es ein feiger, unentschlossener Mensch, der keinen

Stand und keine eigene Meinung hat. – »Sei koi Waschlabba«, sei nicht feig! Ein Waschlappen ist aber auch ein Ehemann, der ganz unter dem Pantoffel seiner Frau steht.

Wualer. Das ist der rastlos Arbeitende, der übertrieben Geschäftige, der beim Schaffen kein Ende kennt.

Zibeb. Sultanine. – Da es sich dabei um eine getrocknete, runzlige Beere handelt, wird »Zibeb« auf eine alte Jungfer angewandt. Wenn man »Zibeble« sagt, meint man einen noch runzligen Säugling.

Zipfel. Einfaltspinsel. – Der »Zipfelfrieder« und der »Zipfelhannes« sind dumme, ungeschickte Kerle.

Zuddel. Schlampe, und zwar nicht nur im Äußeren, auch inwendig. »Des isch a beese Zuddel« bedeutet: Das ist eine fragwürdige Person, eine Madame mit mehr oder weniger schlechtem Ruf.

Zwetschg. Meint dasselbe wie »Zibeb« (siehe oben), weil man dabei an eine *gedörrte* Zwetschge denkt.

Zum Nachschlagen